Livres du même auteur :

Bipolivre - 2019
Jeux de mots de tête - 2020

Remerciements à ma fille Dana sans qui la réalisation de ce livre n'aurait pas été possible, à ma tante Monique pour ses corrections et ses judicieux conseils.

Sommaire :

Partie 1 : Nouvelles

1. Le village du non-retour

Ayant décidé de faire quelques emplettes, j'étais allée dans un magasin de décoration. Mon sens pratique m'ayant une fois de plus joué des tours, je n'avais pas jugé utile de prendre un caddy, pensant, comme à l'accoutumé, que j'allais me contenter d'une ou deux broutilles. C'était sans compter sur ma légendaire boulimie d'achats, acheteuse compulsive, pour employer le terme si cher aux psychologues. Me voilà à la recherche d'un pot de fleurs, puis je tombe sur un bananier en promotion, ce dernier attirant mon regard dans la quête incessante de dénicher la perle rare que j'avais fait mienne. Bien entendu, je ne parvenais pas à sortir du magasin, tant mes bras étaient envahis par les divers pots de fleurs et ce fruitier dont j'allais sans doute me lasser avant même d'en avoir pleinement profité.

Arrivant après maintes contorsions à franchir la porte de cet établissement, je réussis tant bien que mal à me frayer un passage au milieu des divers soldeurs à l'extérieur du magasin, où j'eus encore le courage de prendre quelques vases supplémentaires, le mot « gratuit » affiché dessus ayant une fois de plus captivé toute mon attention.

C'est alors que recherchant ma voiture, je ressentis les prémices de ce qui allait tourner au cauchemar. Dotée d'un sens de l'orientation déplorable, bref, n'étant pas née avec un GPS ou autre Tom Tom à la place du cerveau, ce qui certes, m'aurait sauvé dans bien des situations, je partis à la recherche de ma 307, sur le premier parking. Il y en avait trois, les uns à côté des autres, et, ayant tourné pendant une éternité pour trouver une place, et ensuite obtenu gain de cause, je n'arrivais désormais plus à me rappeler où se trouvait le tas de tôle cabossé qui me faisait office de voiture.

J'avais en plus rendez-vous à la piscine d'Antibes avec deux amies, et la perspective d'arriver en retard me perturbait davantage que le fait de ne pas retrouver ma voiture. Me voilà cherchant en long, en large et en travers dans le premier parking. Rien…Je cherche encore et encore…toujours rien…, j'essaye le deuxième…toujours rien.

Le doute commence à m'envahir. Où est passée ma voiture ? Dans le troisième ? Et si on me l'avait volée ?! N'obtenant aucune réponse à mes questions, je me dirige vers le dernier parking, sans plus de succès.
C'est à ce moment précis que j'aperçus la Honda rouge de mon ami, à qui je fis signe de s'arrêter.

- Alors Emmanuelle, qu'est-ce-qui t'arrive ?
- Tu vas rire, je ne trouve plus ma voiture !
- Tu plaisantes ?
- Non, non, je t'assure. En plus, Edith et Valérie m'attendent à Vence pour que je les amène à la piscine. Tu peux faire vite s'il te plaît ?
- OK, Miss, pas de problème, répondit-il, nonchalamment, comme par automatisme.

La voiture démarra en trombe et fila à vive allure, me laissant enfin le temps de me reposer les méninges, soulagée de pouvoir enfin rentrer chez moi retrouver mes amies. L'inquiétude avait laissé place à un retour au calme bien mérité. Après la phase de stress intense, j'étais entrée dans un état de somnolence, me laissant bercer par le vrombissement de la voiture, les paupières commençant à se clore sous l'effet soporifique de la balade. Je n'avais pas à conduire, juste à me laisser guider, je pouvais enfin lâcher prise et me confier au chauffeur.

C'est à ce moment que nous amorçâmes une colline abrupte, où les virages s'enchaînaient les uns après les autres, et nous tournions encore et encore, montant de plus en plus haut vers des montagnes qui ne ressemblaient en rien aux Baous.

- Mais…on n'est pas sur le bon chemin, tu vas où ?
- Au boulot. J'ai une réunion urgente, et pas le temps de te déposer chez toi avant. Tu n'as qu'à attendre dans la voiture, je ne serai pas long.
- Quoi ? Répondis-je, interloquée par cette remarque. Le mythe du prince charmant volant à mon secours s'était une fois de plus envolé, réduit à néant, laissant place à une colère, à peine dissimulée.
- Non mais je rêve, tu ne pouvais pas le dire avant ?
- Je ne pouvais même pas prévenir Edith ou Valérie car j'avais oublié mon portable dans

ma voiture et ma mémoire des chiffres égalant mon sens de l'orientation, j'étais dans la panade la plus complète.

Il se gara devant une grande bâtisse en pierre où des femmes asiatiques semblaient s'afférer, comme pour préparer une réception. Il se dirigea vers la maison où il était censé retrouver des hommes d'affaires pour signer un important contrat, une affaire capitale, sans aucun doute.

C'est alors que les deux femmes, genre Geisha, commencèrent à lui donner à manger, le flattant, l'une s'asseyant sur ses genoux, l'autre lui caressant la joue et l'embrassant. Ayant la ferme intention de ne pas assister à ce spectacle nippon décadent et à l'encontre de toutes bonnes mœurs, mêlant business et plaisir pour obtenir une vulgaire signature sur un papier, je décidai de couper cours à cette effusion de gestes déplacés. Je sortis comme une furie de la voiture, mes origines italiennes me rappelant régulièrement à l'ordre, et me précipitai vers la première femme, lui jetant violemment la nourriture au visage.

- Je perds ma voiture, je me retrouve dans ce bled paumé et en plus, je dois attendre que monsieur ait fini de se donner en spectacle pour conclure une affaire. C'en est trop, je prends ta voiture et je m'en vais !

Je fis donc demi-tour mais vu que je n'avais pas fait attention à la route et que je somnolais à moitié, plus j'essayais de m'éloigner, plus les routes me ramenaient dans le centre du village. Je tournais, encore et encore, le cœur palpitant, regrettant d'être montée dans cette voiture et énervée du spectacle écœurant qui s'était offert à mes yeux.

- Mon dieu où suis-je ? Je ne comprends pas ! Plus j'essaye de m'éloigner, plus je m'enfonce dans ce village. Oh miracle, une pancarte, deux pancartes, trois…

Je me retrouve soudain à un carrefour avec une centaine de panneaux, partant dans tous les sens, indiquant des directions totalement opposées. Paris, Hyères, Belfort, New –York à gauche ou à droite ! Devant l'incohérence des panneaux, je me décidai à demander l'aide salvatrice dont j'avais tant besoin et je me dirigeai vers une station d'essence, symbole d'un élément de civilisation dans ce paysage de désolation. STATION LYSA : sans plomb, 14<<, diesel, 10<<

- C'est quoi ce nom et cette monnaie étrange. Je suis sur une autre planète ou dans une autre dimension. Mais où suis-je ?

Je commençais à regarder les gens qui m'entouraient et à ce moment, le nom de la station, les prix et les pancartes me parurent bien moins étranges que les gens qui marchaient aux alentours. Ils portaient tous des canotiers, des bermudas à rayures et des tee-shirts blancs. Je commençais à me demander si je n'étais pas en train de perdre le peu de raison qui me restait.

Je me dirigeai vers un de ces habitants étranges.

- Excusez-moi, pourriez-vous m'indiquer la route de Vence, s'il-vous plaît ?

En guise de réponse, je dû me contenter d'un Madame, vous pouvez suivre les panneaux. Essayez toujours, mais ici, on peut venir mais pas partir, personne n'y est jamais parvenu !

- Comment cela est-il possible ? Je dois aller à Vence, je veux rentrer !
- Et bien dans ce cas, bon courage, vous serez peut-être la première à relever le défi !

C'était décidé, sens de l'orientation ou pas, je quitterais cet endroit maudit dont toute logique semblait absente. Avant de partir, je décidai de demander une dernière fois de l'aide. A côté de la station d'essence se trouvait un bar et je me décidai à entrer dans cet endroit sordide qui tenait plus de l'établissement désaffecté après une récente faillite que d'un lieu de convivialité propice à une quelconque conversation, si futile soit-elle. Un Vieil homme, l'air hagard, les paupières lourdes, essuyait un verre ballon d'un air nonchalant, même pas surpris par ma présence. D'un geste automatique, il pointa son index en direction d'une grande porte comme s'il répondait à une question que je ne lui avais même pas posée. Je m'exécutai en silence, après tout, plus rien ne pouvait m'arriver….

J'ouvris une porte qui me conduisit vers une autre porte, puis une autre, et une autre, plus j'en ouvrais, plus il y en avait. Pendant une heure, j'essayai de sortir de ce labyrinthe, en vain.

- Le cauchemar continu, je vais me réveiller…ce n'est pas possible !

Il devait forcément y avoir une explication rationnelle à tout cela. Soudain, oh miracle, dans une des pièces, j'aperçus un téléphone portable.

- Vite, il faut que j'appelle quelqu'un, bon sang, impossible de me rappeler d'un numéro de téléphone. Quelle mémoire, ce n'est pas vrai, ça y est, je me rappelle du numéro de ma sœur, je le compose nerveusement, me trompe deux fois et enfin…une tonalité…
- Réponds bon sang, réponds…
- Allo, Epo ?
- Salut tu vas bien ?
- Oui, oui, enfin non, j'ai besoin d'aide, je suis perdue et …bip bip

Avant même d'avoir pu expliquer quoi que ce soit, la ligne était coupée, la conversation interrompue, même le téléphone s'y mettait. J'étais découragée, à bout de nerfs, vidée de tout optimisme ou d'un quelconque espoir. Au moment où j'allais craquer, une porte s'ouvrit vers l'extérieur, et, dans la lumière dont le soleil inondait généreusement la pièce, une silhouette connue apparut. C'était une collègue de travail que je connaissais depuis huit ans.

- C'est toi Marielle, oh, si tu savais ce que je suis heureuse de te voir !

J'allais enfin pouvoir rentrer.

- Figure-toi que je me suis perdue…

Je lui racontai toute l'histoire dans les moindres détails. Elle m'écouta inlassablement, le visage impassible, puis, quand j'eus fini mon récit, elle me regarda calmement et me dit,

- Mais, qui êtes-vous ?

2. Cluster Island

2050, Cluster Island, île située dans l'ancienne Polynésie Française. Le « TROPIK 21ZK » a décimé les trois quarts de la planète. Une dictature mondiale s'est mise en place et un groupe de richissimes élus domine la population assujettie à un esclavage sans précédent et à une taxe sur l'air que les dirigeants diffusent. Toute personne n'ayant pas réglé sa cotisation se voit immédiatement injecter le virus à son domicile. L'air extérieur est devenu irrespirable et les masques FFP2 des années 2020 ont été remplacés par les Respirators 19, brevetés par l'Asiature et revendus à prix d'or à la population. Plus aucun antidote, médicament ou vaccin ne voit le jour. Seule une poignée de milliardaires peut vivre dans un semblant de confort depuis l'avènement de XTRON qui a réduit son pays, l'Europature, à la soumission. Quatre pays seulement existent, à savoir l'Asiature, dirigée par Chon Pen ZU3, l'Américature, dirigée par Donaldus 2X2, la Russature par Vladus 6X3 et enfin l'Europature, dirigée par XTRON.

Chaque famille, limitée à un enfant, se voit distribuer chaque jour de l'eau potable, quelques aliments, et doit se soumettre à un impôt sur le droit d'avoir un air sans virus dans son habitation. Chaque taxe est prélevée mensuellement et tout oubli de plus de 24 heures est immédiatement sanctionné par un arrêt de mort. Le « TROPIK 21ZK » est irrémédiablement diffusé dans l'habitation et une mort inéluctable s'en suit, avec des douleurs abominables dans la cage thoracique, une fièvre de 42 degrés, et des convulsions jusqu'à l'arrêt complet du cœur. Chaque pays a son dictateur et les quatre pays sont régis par le grand superviseur Chlorokinus.

Seule une île paradisiaque, cachée à la population, résiste avec un air pur, une eau limpide, une végétation luxuriante ; les derniers milliardaires de la planète y résident en payant un million de dollarus (monnaie internationale) pour y couler des jours paisibles en toute quiétude. Ils ont appelé cette île Cluster Island afin de masquer la réalité et pour que les gens non-privilégiés croient qu'elle abrite des humains en phase terminale ou sur lesquels on fait des expériences scientifiques. Face à cette dystopie, un groupe de rebelles s'est organisé, prêt à renverser le pouvoir en place et regagner le droit de respirer librement. Le seul travail autorisé à l'extérieur est ouvrier pour la fabrication des masques Respirator 19 et la fabrication de repas de synthèse lyophilisés pour nourrir la population. Tout le reste est en télétravail et si par malheur vous tombez malade, aucun médecin n'existe plus. Les médicaments anti-douleurs se vendent au marché noir à des prix exorbitants. Les prisons n'existent plus, il suffit au gouvernement de couper l'air sain dans les maisons. La police a été remplacée par des robots qui feront régner l'ordre dans le cas où un quelconque groupement d'anarchistes pointerait le bout de son nez !

C'est pourtant ce qui devait arriver, les écoles ayant été supprimées en 2025 pour faire régner l'ignorance et une domination sans précédent. Tout avait fort bien marché. La jeune population était complètement illettrée, soumise et docile face aux aberrations qu'on leur imposait. Nul besoin de se révolter pour le commun des mortels ! Les populations assujetties à l'esclavage en avaient fait leur pain quotidien, dans chacune des dictatures. Les portables, ordinateurs et autres objets électroniques avaient disparu depuis longtemps et les maisons étaient équipées d'un grand écran sur lequel les gouvernements diffusaient des messages de propagande, vantant ses mérites en exerçant un véritable lavage de cerveau. Ainsi, jour après jour, les cervelles lobotomisées étaient incapables d'une quelconque réflexion. Il s'agissait d'une hypnose collective à laquelle les quatre populations sous dictature se soumettaient quotidiennement, persuadées de leur bien être alors qu'elles n'avaient plus rien d'humain.

La rébellion des quinquagénaires s'était organisée dans les usines de Respirator 19. Ils étaient 200 à y travailler et tous faisaient partie des rescapés du lavage de cerveau des différentes dictatures. L'équipe des quinquas comptait des anciens professeurs, des médecins, des ingénieurs et des chercheurs, tous issus des promos des années 2020. Si le plus commun des mortels avait le cerveau lobotomisé, le club des quinquas, lui, était prêt à passer à l'action pour renverser les pouvoirs imposés. Ayant fabriqué les Respirators 19, ils avaient détourné un stock important de masques pour pouvoir envahir les différentes dictatures et se protéger en même temps du virus. L'Asiature ayant englobé plus de pays se retrouva la plus nombreuse, et c'est là qu'il fallait opérer en premier. La rébellion, qui s'organisait depuis cinq longues années, pouvait enfin commencer. Le grand dictateur, Chon Pen ZU 3 se reposait sur Cluster Island. Ses ministres, ou plutôt indicateurs soumis, lui rendaient compte de la situation et de son évolution au jour le jour. Le gang des quinquas commença son invasion le 14 Février 2050… nostalgie de la Saint-Valentin, abolie depuis longtemps, ou simple coïncidence ? 21 heures, les lumières de la ville s'éteignirent. L'Asiature fut plongée dans l'obscurité. Muni de Respirators 19, le chef des quinquas, Raoul, s'introduisit dans le bureau du dictateur, après que Jean Luc et Marine aient désactivé les différents robots et ouvert tous les codes menant à cette pièce. Dans le bureau, un coffre énorme avec une serrure inviolable apparut comme une épreuve supplémentaire pour nos quinquas. Mais le club n'ayant pas dit son dernier mot, Steve et Bill, deux hackers professionnels réussirent à décoder en moins d'une heure le système de sécurité et surent comment ouvrir le coffre. Là, stupéfaction ! Une liasse de papiers et des fioles.

- C'est quoi ce cirque ?
- Je crois comprendre, laisse-moi lire.

Les formules chimiques n'étant pas de leur ressort, ils appelèrent un scientifique de la bande.

- Albert, viens ici, tu captes quelque chose ?

Albert fouillait dans les papiers, relisant les équations quand soudain son visage devint blême.

- Oh mon dieu ! dit-il en lâchant les fiches de la formule.
- Quoi, qu'est-ce qu'il y a ?
- Cette formule permet de fabriquer le virus ! On se fout de nous depuis des années !

Raoul décida de contrecarrer les plans de tous les dictateurs. Il composa la formule de l'antidote qui remplaça celle de la fabrication du virus. Il fallait opérer de la même façon dans les trois autres dictatures.

En Eupature, en Russature et en Americature, des gangs de quinquas similaires s'étaient organisés et au bout d'un mois seulement, la formule du virus avait été remplacée par celles d'un scientifique connaissant l'antidote. Les doses de virus étant préparées mensuellement, les rebelles attendirent patiemment le 14 Mars. La population fut ainsi immunisée, sans le savoir, puis totalement guérie. Une fois assurés que tout fonctionnait bien, en Juillet, les scientifiques réfractaires balancèrent le virus sur Cluster island où les leaders et les richissimes privilégiés coulaient des jours paisibles, au détriment de la population mondiale. Ils se retrouvèrent pris à leur propre piège. Les dictatures furent anéanties le 14 Juillet par une bande de quinquas, devenus en quelques mois les héros de quatre pays fusionnés en une seule nation nommée Eden Land.

3. Avec ou sans issue

Il est sept heures du matin à Juan les Pins, les cigales commencent à se frotter les ailes alors que le soleil n'a pas encore déployé ses chaleureux rayons. Les vacanciers dorment toujours d'un sommeil profond. Franck savoure les quelques instants le séparant du réveil inévitable pour se rendre à son travail.

Sept heures dix, le moment tant redouté est arrivé. Franck repousse l'alarme de dix minutes et replonge dans un demi-coma nocturne, savourant ces ultimes minutes, qui sont à la fois les pires et les meilleures, s'en imprégnant jusqu'aux dernières limites, déjà repoussées à maintes reprises pour enfin émerger sous une douche tonifiante chassant les dernières pensées nocturnes et faisant place à la clarté d'une journée promettant d'être ensoleillée.

Un café avalé à la hâte, il se dirige vers son véhicule afin d'emprunter l'autoroute A8 pour rejoindre son travail. Les kilomètres défilent, et contrairement à l'accoutumé, il y a peu de véhicules.

Étrange, se dit-il, comme si les gens étaient tous partis en vacances en même temps. Une impression de solitude se dégage de ce bitume, d'habitude si fréquenté. La jauge d'essence affichant un réservoir quasiment vide, Franck décide de s'arrêter à la prochaine aire d'autoroute, où seuls deux véhicules sont arrêtés à la station-service. Il choisit la première pompe, fait le plein d'essence et se dirige vers le gérant de la boutique afin de payer, car la pompe automatique est hors service.

En entrant dans la boutique de la station-service, Franck s'aperçoit que quelque chose d'étrange s'est passé. Le gérant, les yeux rivés sur la caisse ouverte, est pétrifié comme une statue, comme s'il avait croisé le regard de la méduse. Trois personnes qui faisaient probablement la queue sont également littéralement figées. Pas un battement de cil, rien, aucun mouvement perceptible... Franck sent le battement de son pouls accélérer ; il en vient même à se pincer pour vérifier qu'il ne dort pas.
Non, ça n'est pas un rêve, mais plutôt un cauchemar qui commence. Des gouttes de sueurs perlent sur son front et le long de son cou. Il prend son téléphone, pensant que Google va lui apporter une éventuelle réponse. Il est confronté à un « blackout » total : pas de réseau, pas de téléphone, plus rien ne fonctionne ! Le rationnel est aux abonnés absents. Franck pourrait sortir avec de la marchandise sous le bras ou encore partir sans payer, mais ça n'est pas ce qui lui vient à l'esprit pour l'instant. Il se dirige vers les toilettes, va se passer la tête sous l'eau froide pour s'éclaircir les idées et se contemple un moment dans la glace, passant la main dans ses cheveux, tout absorbé qu'il est dans ses pensées.

A ce moment, Franck entend comme un bruit métallique à l'extérieur, au niveau du parking. Il se précipite dehors, en quête d'une réponse logique et cartésienne à ce qui est en train de se passer. Un homme sort d'une Porsche Cayenne et se dirige vers l'entrée de l'établissement. Le regard froid, le pas assuré, il franchit la porte, et là, instantanément, se retrouve figé, à peine le seuil passé.

- Bon sang, c'est quoi ce délire ?!

Franck essaye de le sortir de sa léthargie, commence à crier...rien ne se passe. Pris de panique, il décide de remonter dans sa voiture et parcourt les derniers kilomètres le séparant de son bureau. Il arrive vers huit heures trente, monte les marches quatre à quatre, impatient d'allumer son ordinateur.

Là, stupeur ! Un de ses collègues, Maël, est figé devant un écran entièrement blanc. Sa tasse de café, renversée sur le bureau, ne laisse rien augurer de très positif. Cette ambiance Kafkaïenne ne génère que de l'inquiétude. Un sentiment d'impuissance face à l'inconnu s'est emparé de Franck. Les minutes qui défilent semblent durer des heures sans qu'il comprenne quoi que ce soit à ce qui se passe depuis son départ. Pas de radios, pas d'ordinateurs, pas d'informations, pas de GPS, rien. L'informaticien sans technologie, le cauchemar vivant. Plus d'humains, plus de vie. Seules les cigales continuent de chanter. Même le téléphone fixe a rendu l'âme. Il se demande s'il est mort ou si c'est l'enfer des informaticiens. Plus rien n'est cartésien, logique, scientifiquement accepté.

- Je ne suis tout de même pas le seul survivant, et d'ailleurs, survivant de quoi ? Se dit-il, inquiet.

La peur latente a laissé place à la panique. Franck ne contrôle plus son « palpitant », il court dans les bureaux à l'étage supérieur. Là, le même spectacle de désolation s'offre à ses yeux. Tout le monde est immobile, le temps semble suspendu, les écrans sont blancs, avec des sortes de taches, comme des parasites. Une bouffée d'angoisse prend Franck à la gorge et il s'évanouit. Quelques minutes après, il ouvre un œil et se relève, encore légèrement ankylosé par sa chute, espérant que tout est rentré dans l'ordre. Il tourne la tête légèrement, en direction de ses collègues alors qu'il est encore allongé sur le sol. Rien n'a changé, le cauchemar continu.

A partir de cette page le lecteur a deux options de fin.

Première fin

Un bruit sourd, puis une sorte de grondement métallique se fait entendre à nouveau, tout d'abord léger, pour laisser ensuite place à un vrombissement rappelant celui d'un mirage quatre. Franck sort du bâtiment, les yeux rivés sur le ciel Azuréen, dont le bleu s'estompe peu à peu pour laisser place à un gris argenté. Un immense vaisseau spatial, de forme trapézoïdale, s'ouvre sur toute la longueur pour laisser sortir des centaines de petits vaisseaux spatiaux.

Un souffle d'une force surnaturelle a balayé tout ce qui est sur son passage. Le vaisseau mère enfin posé, la porte s'ouvre. Franck passe en revue tous les films de science-fiction qu'il a déjà vus. Va-t-il se retrouver face à ET ? Paul ? Un alien gluant ? Un robot ?

Franck distingue une forme au loin mais reste debout, immobile, le regard rivé sur cette silhouette surgie du vaisseau. Ils marchent l'un vers l'autre, en silence, calmement. Le cœur de Franck bat si fort qu'il pourrait traverser sa poitrine. Il n'est plus qu'à quelques mètres de l'inconnu. Franck ne sent plus ses membres mais étonnamment, accueille cet état avec un calme, une sérénité teintée de solennité. Il ne peut plus bouger mais ne cherche pas à fuir, comme apaisé que le mystère s'éclaircisse. L'homme qui est en face de lui est sa réplique identique.

Deuxième fin

Franck court dans les escaliers pour vérifier à chaque étage si tout est rentré dans l'ordre. Dans chaque bureau, le même spectacle de désolation s'offre à ses yeux : des écrans blancs, parasités. Étage 2, idem, étage 3, idem. Franck pense qu'il est en train de sombrer dans la folie. Il ne désire qu'une chose, que tout cela s'arrête, vite, très vite.

- Pourquoi mon portable ne fonctionne plus ? C'est quoi ce délire ?

Il ne reste plus que l'accès sur les toits. Franck a visité tous les bureaux, à tous les étages. Il entend du bruit sur le toit-terrasse, comme un froissement de papier, des chuchotements, des rires étouffés. Un seul pas le sépare de la porte menant à la terrasse, vers laquelle il avance lentement. Le palpitant battant la chamade, il pousse la porte.

- Surprise !

En un éclair, il comprend tout. Ses collègues l'ont piégé dans une émission de télé-réalité appelée « Surprise du chef ». Avec la complicité de sa femme, Emma, ils ont concocté cette farce en brouillant tous les écrans, depuis la maison jusqu'au bureau, s'en oublier l'aire d'autoroute louée par la production pour cette immense farce. Des acteurs professionnels ont joué le jeu des hommes figés à la station-service et ses collègues se sont également prêtés au jeu pour faire durer le suspense. Une mini caméra était insérée dans la montre de Franck ainsi que dans son portable et tout le réseau internet avait été bloqué le temps du tournage. La Porsche Cayenne était également équipée de caméras ainsi que tous les bureaux. Maël riait à gorge déployée.

- Andouille, lui lança Franck, j'aurais pu avoir une crise cardiaque !

A ce moment, l'organisateur de l'émission s'approche, micro en main.

- Franck, vous êtes en direct sur « TV Fantasréel » ! la farce de vos amis vous aide à remporter la modique somme de 100 000 €, car votre prestation a été sélectionnée à l'unanimité par nos auditeurs.
Alors, toujours fâché ?

4. Gourmandise

Tania adorait les sucreries, chocolats, bonbons, caramels et autres douceurs. Il ne se passait pas un jour sans qu'elle ne s'arrête devant la pâtisserie de Monsieur Toffee, toujours bien achalandée de gâteaux au chocolat, de bonbons multicolores, de nougats et autres confiseries plus alléchantes les unes que les autres. Dès qu'elle passait devant la vitrine, ses yeux étaient immédiatement attirés par les coloris, ses narines guettaient le moindre effluve émanant de l'arrière-boutique où le pâtissier confectionnait ces douceurs avec passion pour ravir nos papilles et délecter nos narines, avides de tous ces arômes.

Ce jour-là, par un bel après-midi ensoleillé, Tania avait décidé, une fois de plus, de franchir le seuil de la boutique de Mr Toffee. Elle hésita un bon moment, se demandant si son palais allait opter pour les truffes, la tartelette aux framboises ou les sucres d'orge.

Devant l'impatience de la vendeuse, il lui fallait prendre une décision, mais voilà, tout était si appétissant...que choisir ?

N'arrivant pas à se décider, elle balbutia finalement.

- Euh, une tartelette aux framboises, six sucres d'orge, cinq cents grammes de truffes.
- Eh bien, répondit la vendeuse en masquant un sourire un peu moqueur, quelle gourmande !

Tania n'avait que faire des remarques de la vendeuse qui était là pour la servir, pas pour commenter ce qu'elle prenait ou faire des remarques désobligeantes sur ses goûts et ses envies en matière de sucreries, lesquelles allaient, à son insu, l'entraîner vers une aventure qu'elle n'était pas prête d'oublier.

Tania rentra chez elle tout en mangeant ses truffes. Elle ne remarqua même pas la poudre de cacao qu'elle avait négligemment étalée autour de sa bouche tant elle avait envie de les manger. Les cinq cents grammes s'évanouirent en moins de temps qu'il ne faut pour le dire. Pas une minute de répit ; elle engloutit sa tartelette en deux bouchées et se réserva les sucres d'orge pour plus tard.

En arrivant chez elle, se sentant un peu lourde, elle décida de s'allonger. Elle somnola un instant, puis lentement sombra dans un sommeil de plus en plus profond. Cela devait faire quelques heures qu'elle était allongée quand une douce odeur de sucré la réveilla. Elle essaya de se retourner, dans un demi-sommeil, mais elle n'éprouvait pas les sensations habituelles. Ses jambes lui semblaient plus légères, ses bras étaient mous, comme si tous ses muscles avaient disparu.

Elle entrouvrit légèrement les paupières... la chambre baignait dans l'obscurité, ses yeux balayèrent la pièce du regard d'un air nonchalant quand soudain, Tania prit conscience que ses pieds avaient disparu. A la place, il y avait deux énormes caramels. Elle, qui d'habitude se réjouissait à leur seule vue eut un tressaillement de peur. Cette fois, elle était bien réveillée. Le reste de son corps n'allait pas la rassurer. Ses jambes s'étaient transformées en deux longs bâtons de réglisse, son estomac en une immense fraise sucrée, ses bras étaient en guimauve, les mains identiques aux pieds, mais de plus petite taille.

Tania pensa un instant : « Je fais une indigestion ; c'est ça, j'ai une méga-indigestion et tout comme on a une crise de delirium tremens quand on boit trop d'alcool, on doit certainement imaginer qu'on se transforme en bonbon quand on mange trop de sucreries ! »

Elle ferma les yeux, compta jusqu'à dix et les ouvrit à nouveau, espérant chasser ce qu'elle pensait être une hallucination due à une overdose de sucre. La même vision s'offrit à ses yeux. Elle n'était plus qu'un immense bonbon, une représentation de toutes les sucreries qu'elle avait avalées. Elle resta ainsi allongée pendant des heures, se demandant si cet état allait être permanent, si elle pourrait se lever, si elle n'allait pas fondre à la chaleur… toute une foule de questions se bousculaient dans sa tête. Elle essaya de s'asseoir, en vain… les bras en guimauve étaient trop mous. Elle fixa désespérément le plafond. Il fallait appeler à l'aide, c'était la seule option envisageable pour s'en sortir. Elle voulut crier mais aucun son ne sortit de sa bouche. Un bonbon ne parle pas … elle cherchait une logique à tout ça, en vain.

Elle resta figée encore un instant, quand elle entendit un bruit. Ses sœurs venaient de rentrer de l'école, criant, courant, se chamaillant... les filles étaient maintenant à l'étage, là où se trouvait la chambre de Tania, mais cette dernière n'avait aucun moyen de les prévenir. Elle pensa au fond d'elle-même : « Pitié, je suis ici, venez ici, je suis dans ma chambre, au secours, aidez-moi !!! ».

Les petites continuaient à s'amuser, ignorant totalement le drame que Tania vivait à cet instant. Soudain, Zoé, la plus jeune, s'arrêta net devant la porte de sa chambre et dit à Jenny :

- Elle est rentrée Tania ?
- Jenny répondit :
- J'en sais rien, je ne crois pas !
- Zoé renchérit :
- Et si on jouait dans sa chambre ?

Une vague d'espoir envahit Tania. Elle pensait « oui, oui, vite, ouvrez cette porte, venez à mon secours !!! » La porte s'ouvrit... son calvaire touchait à sa fin... Elle sentait son cœur palpiter à travers la fraise qui lui faisait office de ventre, son pouls s'accélérait et résonnait dans toute sa tête, dont elle ignorait la substance et dont elle n'allait sans doute pas tarder à connaître l'aspect.

Les deux petites filles s'approchèrent du lit. L'excitation avait laissé place à la surprise ; au grand étonnement de Tania, leurs yeux ne trahissaient aucune frayeur, mais bien au contraire, ils brillaient de curiosité et de convoitise.

- T'as vu, Zoé ? Tania est tellement gourmande qu'elle a acheté un bonhomme en bonbon géant.

Elles la regardaient, Tania ne pouvait rien faire sinon cligner des yeux, mais les filles focalisaient sur la guimauve et à ce moment, Zoé prononça la phrase qui allait condamner définitivement la malheureuse Tania :

- Si on en mange un bout, tu crois qu'elle s'en apercevra ?!

5. Mystère à Palombaggia

En ce bel après-midi dominical, la famille Pinzutu avait décidé de se rendre à la plage de Palombaggia. Les enfants étaient surexcités à l'arrière de la voiture et le père avait eu grand-peine à fermer le coffre rempli de jouets pour la plage. Les kilomètres s'enchaînaient sur les routes sinueuses traversant des villages pittoresques. Après avoir trouvé une place sur le bas-côté de la route, Ange Pinzutu ouvrit le coffre contenant tous les jouets, et c'est, chargés comme des mulets que sa femme et lui se dirigèrent vers la mer. La plage de Palombaggia se mérite ; il faut marcher à travers les arbres et les ronces sur un chemin caillouteux et sinueux menant vers un lieu magnifique. Ange plongea dans l'eau, avec masque et tuba, pour admirer les poissons dans les eaux claires, turquoise, alors que sa femme Andrea enduisait les petits de crème solaire pour qu'ils puissent jouer en toute sérénité face aux UV intensifs ce jour-là. Elle aidait ses enfants à faire des châteaux de sable, tandis qu'Ange palmait jusqu'aux rochers afin d'admirer toutes les variétés de poissons et les coraux cachés dans la posidonie. Après une bonne heure, il revint sur la plage s'occuper des enfants et sa femme put à son tour aller admirer les fonds marins. Elle tournoyait avec ses palmes, repérait des saupes, des vieilles, des raies, des sars, puis remontait vers la surface reprendre son souffle, pour ensuite replonger de plus belle, toujours plus profond. Au fond de l'eau, elle vit comme un point lumineux, éclairé par le soleil à travers l'eau. Vite, elle reprit son souffle une fois de plus et retourna vers le fond. Elle distingua une chaîne dont les bords étaient recouverts d'algues et elle commença à tirer lentement pour voir si elle pouvait découvrir un trésor. Elle dû remonter plusieurs fois afin d'avoir assez d'oxygène pour dégager la chaîne, reliée à un petit coffret lui évoquant les contes de pirates qu'elle affectionnait tant dans son enfance. Elle réussit à le remonter à la surface, à la fois surprise et excitée d'avoir fait cette découverte. Elle sortit de l'eau avec son trésor et les enfants, attirés par le petit coffret, se précipitèrent à sa rencontre.

Ils essayèrent de l'ouvrir, impatients d'en découvrir le contenu. Impossible ! Ils le mirent à l'abri des regards sous leur parasol mais son ouverture restait un mystère. La vétusté et le nombre d'années passées sous l'eau étaient un frein à son ouverture. Ils décidèrent de rentrer à la maison et firent le chemin inverse avec le coffret à l'arrière. La route n'en finissait plus, il y avait des bouchons et leur impatience grandissait au fur et à mesure que les kilomètres les rapprochaient de la maison. Vers 18 heures, ils y arrivèrent enfin, surexcités à l'idée de découvrir enfin le contenu du coffret. Ils trouvèrent des outils dans la cave, assez performants pour faire sauter la serrure. Leurs cœurs battaient la chamade et enfin le loquet céda. Qu'allaient-ils trouver ? Les idées commencèrent à s'enchaîner...des pièces en or, en argent, des bijoux, une carte au trésor ? Tout s'affolait dans leurs têtes. Fébriles, les mains tremblantes, Ange se pencha au-dessus du coffret et

découvrit une sorte de parchemin. Il ouvrit le pli, cacheté à la cire, et lut le message à voix haute.
" Si vous trouvez ce message, vous êtes maudits à jamais !"

Ange jeta le message en maugréant.

-        C'est quoi ces conneries ?!

A ce moment, ils entendirent un vrombissement, les murs commencèrent à trembler et là, horreur, leurs corps commencèrent à se désagréger, les mains tout d'abord disparurent et ensuite les bras, puis les pieds, les jambes, jusqu'à ce que la famille Pinzutu disparaisse complètement.
Chaque corps fut remplacé par une petite lueur « bleu céruléen ; le coffret se referma ainsi que le loquet et le tout se retrouva au fond des eaux turquoise de Palombaggia. Les âmes de la famille Pinzutu étaient bloquées dans le coffret maudit jusqu'à ce qu'un plongeur fasse la même erreur et remonte le coffret à la surface. Le soleil Corse caressa les eaux d'un dernier rayon et Palombaggia s'endormit doucement, abritant la malédiction dans les profondeurs des posidonies.

6. La maison de Propriano

La famille Spiaggia dormait d'un sommeil profond dans la maison cossue qu'ils avaient louée dans la vieille ville de Propriano. Le lendemain de leur arrivée, ils avaient été réveillés très tôt par les ouvriers corses qui travaillaient à la construction d'une villa flambant neuve. Emma Spiaggia aspirait au calme après des mois passés dans les bruits de travaux de son immeuble azuréen, et les coups de marteaux d'à côté n'allaient sans doute pas tarder à lui taper sur un système nerveux, déjà mis à rude épreuve par son environnement habituel et par son métier, qui s'apparentait plus à du dressage de fauves qu'à de l'éducation proprement dite.

La maison, quasi inexistante le premier jour, semblait prendre forme à une vitesse vertigineuse, d'heure en heure. Chaque matin, c'était le même rituel, dès 6 heures, à la fraîche, les rayons du soleil corse étant déjà très forts à 8 heures. Emma se retournait, la tête sous l'oreiller, Maria jouait avec le bébé qui allait fêter ses un an, tandis que Francesco avait déjà préparé le café salvateur, plus propice aux pensées claires.
À l'intérieur de leur maison, on pouvait trouver toutes sortes d'objets hétéroclites laissés par les précédents occupants. La vaisselle, du style des années 70, était complètement dépareillée. L'évacuation d'eau faisait un bruit étrange, comme si un démon avait pris possession des tuyauteries et lançait un souffle infernal. Il y avait des jouets oubliés par des enfants, des vêtements de tous âges dans

des coffrets que l'on aurait pu baptiser « foire fouille » ou objets trouvés. Même l'aspirateur semblait avoir souffert, recouvert d'un bandage masquant quelque peu sa vétusté et son « décès » quasi imminent. Le balai de récurage avait une couleur rappelant celle des mines de charbon, ainsi que les éponges mais cela n'empêchait pas les maniaques du ménage de traquer la saleté dans les moindres recoins.

Une nuit, Emma fut réveillée par une sorte de râle rauque. Elle ne savait pas s'il s'agissait d'un rêve ou si un bruit l'avait tirée de son sommeil. La chaleur caniculaire étant difficilement supportable, elle décida d'aller se rafraîchir dans la salle de bains pour s'éclaircir les idées. Elle n'alluma pas la lumière, par crainte de réveiller quelqu'un mais sa maladresse allait encore lui jouer des tours. Elle se prit les pieds dans le balai de récurage, renversa le contenu du seau qui n'avait pas été vidé auparavant et se retrouva les quatre fers en l'air avant d'avoir pu réaliser quoi que ce soit. Elle fut étonnée de ne réveiller personne, mais elle se rappela qu'aucun bruit ne réveillait la famille Spiaggia, ni un train, ni un orage, ni un cataclysme, ni une bombe nucléaire. En gros, un Spiaggia qui dort, dort.
Elle sortit sur la terrasse, toute contusionnée, et décida de s'offrir quelques longueurs dans la piscine. Elle savoura la température de l'eau, rafraîchissante et apaisante à la fois et se prélassa ensuite sur un transat. Elle entendit à nouveau le même bruit étrange, qui cette fois-ci semblait venir de la maison

en construction. Le vent soufflait dans les arbres, les pliant dangereusement, ce qui rendait l'atmosphère inquiétante. Emma entendait comme une voix qui lui parlait au fur et à mesure qu'elle avançait. L'appréhension lui avait fait oublier les contusions dues à la chute. Elle avançait, lentement, vers l'inconnu, et la voix devint de plus en plus claire.

- Au secours, venez m'aider...

Emma regarda dans tous les sens, de haut en bas, à gauche, à droite. Elle ne voyait rien, le néant total, à part des planches, du béton ou des blocs de ciment.

- Venez m'aider, venez...

Bon sang, ce n'est pas possible, je dois rêver... se dit-elle. Elle décida de retourner dans la maison se recoucher ; tout cela était trop étrange, sûrement le fruit de son imagination, ou une fatigue due à une activité trop intense. Elle s'allongea sur le lit, ferma les yeux et au moment où elle allait sombrer dans les bras de Morphée, elle ouvrit un œil. Une silhouette était plantée devant elle, immense, qui la regardait dormir. Elle referma les yeux, mais instinctivement les rouvrit. La silhouette lui tendait la main.

- Venez...

Il ne s'agissait pas d'un rêve. Emma se mit à crier pour réveiller tout le monde, mais personne ne vint. Elle fit un saut sur le côté et s'enfuit à toutes jambes. À bout de souffle, elle s'arrêta et se retourna, tremblant des pieds à la tête. La silhouette avait disparu.

Elle retourna, penaude, vers la maison et entra dans la chambre d'Anna et Tom. Ils n'étaient pas là. Elle courut dans celle de Maria, Antone et Arturo, le petit être de onze mois. Personne. Carlu n'était pas non plus sur le canapé de la salle à manger. Elle prit son portable, les appela les uns après les autres. Personne ne répondait, elle tombait sur toutes les messageries. Elle prit sa tête entre ses mains, se demandant comment sortir de cette situation cauchemardesque. De nouveau, elle entendit la voix.

- Aidez-moi, aidez-moi !

La porte de l'armoire de la chambre était entrouverte. Emma se dirigea vers l'ouverture, et là, tout alla très vite. Une spirale multicolore l'entoura, formant des cercles de plus en plus rapides, si rapides qu'on ne distinguait plus rien. Enfin le tournoiement cessa et elle en ressortit tout étourdie.

Elle entendit le reste de la famille se précipiter. Anna se retourna vers les autres.

- C'est bon, maman est là.

- Qu'est-ce qui s'est passé ?

Maman, on a trouvé le passage secret vers une autre dimension. Viens, on va te montrer.

Emma les suivit et ils virent, à travers le miroir en bas dans la salle à manger, d'autres familles dans la maison à des moments différents. Il suffisait de regarder dans le miroir et les époques se succédaient, avec d'autres personnes. Quand Emma leur demanda comment retourner à la bonne époque, elle se rendit compte, à leur mine, que non seulement ils n'avaient pas la solution, mais que tout le monde semblait attendre une solution de sa part. Chaque fois que l'un d'entre eux se remettait au niveau de l'armoire et qu'ils appelaient à l'aide, une autre personne à l'intérieur de la maison voyait une grande silhouette et ensuite, elle se retrouvait piégée. Emma se retourna vers Maria, Anna, Tom, Francesco, Antoine et Carlu.

-   Mais où est Arturo ?

Arturo était resté dans son lit et vu qu'il n'avait pas la capacité dans sortir par lui-même, il était fort à parier qu'il allait passer un bon moment à crier pour qu'on vienne le chercher. Il était impératif de trouver une issue à cette situation, et de réfléchir rapidement à une solution. La première piste était de retourner vers le miroir. Anna tournait autour, essayant de passer à travers mais ça ne fonctionnait pas. Après s'être fracassé la main à quatre reprises, elle n'insista pas.

Maria était assise, prostrée, les mains sur le visage, prétextant que tout allait bien alors que l'angoisse de ne pas revoir son enfant grandissait. Le temps s'écoulait lentement, quelques minutes leur paraissaient des heures, une angoisse palpable accompagnant chacune de leurs pensées. Arturo était sans doute réveillé et réclamait son biberon.
À un moment, ils entendirent un bruit qui les sortit de leur mutisme.

Francesco intima le reste de la troupe à regarder à nouveau à travers le miroir.

- Regardez, c'est une autre époque avec de nouveaux vacanciers.

- Dommage qu'on ne voit pas la chambre d'Arturo, seulement la salle à manger !

Tom décida de réagir plus énergiquement et se mit à réfléchir à voix forte.

- Le miroir est la porte d'entrée mais pas la sortie. Il faut chercher une autre issue.

Ils se mirent à tester les placards, pièce par pièce. Rien.
Carlu ayant toujours sa switch greffée sur lui, il décida de faire une partie. Il s'allongea sur le canapé dont il avait du mal à décoller, tandis que les autres cherchaient un passage secret dans le moindre recoin. Toujours rien.

À un moment, ils entendirent un bruit de harpe. Ils se dirigèrent vers le miroir et furent stupéfaits du spectacle s'offrant à leurs yeux. Arturo était debout devant la harpe qui se trouvait dans la salle à manger et pinçait les cordes. Un autre bruit venant du canapé attira leur regard. Carlu n'était plus sur le canapé. Tom s'écria :

- Venez vite voir dans le miroir ! Carlu est avec Arturo. Le canapé est notre porte de sortie !

Ils s'allongèrent sur le canapé mais rien ne changea. Ils étaient toujours bloqués.

- Ce n'est pas possible, Carlu, tu nous entends ? Carlu ! Carlu !

Impossible de se faire entendre. Carlu n'entendait rien, et s'occupait d'Arturo lui donnant son biberon déjà préparé par Maria. Cette dernière, un peu soulagée de voir son bébé qu'elle appelait « petit être » sain et sauf s'inquiétait un peu moins et reprenait confiance. Mais pourquoi Carlu était rentré et pas les autres ? Peut-être que chacun avait son passage défini et différent de celui des autres.

Anna réfléchissait en faisant les cent pas…

- Rappelez-vous, Arturo pinçait les cordes de la harpe. Donc il faut qu'il recommence. Mais comment prévenir Carlu qui n'entend rien ?!

Fallait-il attendre sur le canapé pour qu'au moins une personne active la harpe en même temps ? De l'autre côté, Carlu jouait avec Arturo, à côté de la harpe mais « petit être » ne s'intéressait plus à l'instrument.

Maria et Emma perdaient patience. Anna, Tom et Francesco s'affairaient à trouver une solution. Carlu ne semblait pas se soucier de la situation et continuait à s'amuser, ne voyant pas le temps passer.

-   Bon sang, il ne fait rien pour nous sortir de là ! Pfff...Il est devenu amnésique ou quoi ?

À ce moment, Carlu regarda son portable, tout en regardant le petit qui jouait et lui parla.

-   Ils en mettent un temps pour revenir des courses !

Anna, Emma, Tom, Maria, Antone et Francesco étaient désespérés.

-   Ce n'est pas possible, il ne se rappelle de rien. Il pense qu'on est en courses mais au moins Arturo n'est pas tout seul. C'est déjà ça.

À ce moment, Maria, exténuée, fondit en larmes et s'effondra.

-   Comment Carlu va t'il gérer Arturo ? Il en est incapable ! C'est moi seule qui fait ses compotes ! C'est une catastrophe ! Et combien de temps va-t-on rester coincé là ?!

Un jour s'était écoulé depuis le retour de Carlu dans la maison de Propriano. Maria ayant fait des compotes et des purées d'avance, il pouvait nourrir « petit être » sans problème. Après avoir mangé, juste avant la sieste, il décida de jouer avec la harpe. Il essayait de trouver l'équilibre en se cramponnant à l'instrument et se mit à jouer avec les pédales, en appuyant avec ses petits pieds ce qui enclencha immédiatement un changement d'époque de l'autre côté du miroir. Francesco s'était allongé sur le canapé car Emma ne supportait plus les ronflements titanesques propulsés par ses narines bruyantes. Il se retrouva de l'autre côté du miroir, mais à une époque différente et avec d'autres gens.
Maria cria,

- Bon sang, papa est là et je ne vois plus Arturo et Carlu. Il est avec d'autres gens à une autre époque. On ne va pas s'en sortir !

Emma lui répondit,

- Donc les pédales de la harpe permettent de changer d'époque ! Il faut donc qu'Arturo pince les cordes avec la pédale qui correspond à notre époque. Et bien je ne voudrais pas vous affoler mais on ne va jamais s'en sortir de ce pétrin !

En arrivant de l'autre côté, Francesco pensait revoir son fils et son petit-fils. Il était devant de parfaits inconnus, qui, croyant avoir affaire à un cambrioleur, se mirent à hurler de toutes leurs forces.

Pendant ce temps, Arturo continuait à appuyer sur les pédales. Il renvoya Francesco à la bonne époque, au côté d'Arturo et Carlu. À peine arrivé, Francesco ne se rappelait de rien et demanda où étaient les autres. Carlu lui répondit qu'il n'en avait aucune idée et que ça durait depuis un moment.

- Ben, tu étais où toi ?
- Je dormais, quelle question !
- T'étais pas dans ta chambre, tu dis n'importe quoi !
- Ben, j'étais sur le canapé avec toi !

Apparemment, la télétransportation engendrait de l'amnésie.

Le côté positif, c'est qu'Arturo était avec deux adultes. Le côté négatif, c'est qu'aucun des deux ne se rappelait de quoi que ce soit.

Francesco étant moins obnubilé par les jeux-vidéos, et son caractère anxieux le poussant à investiguer sur la disparition des autres, il se mit devant la harpe en réfléchissant et joua machinalement un air qu'il jouait à Maria quand cette dernière était petite.

Maria apparut sur le canapé, comme par enchantement. À la vue de sa fille se matérialisant ainsi sur le canapé, Francesco s'évanouit.

Maria se précipita pour réveiller son père.

- Je crois que tu as fait un malaise !

- Tu es apparue dans la pièce comme par enchantement ; il y a vraiment de quoi flipper! Tu étais où ? Bon sang, je me suis fait un sang d'encre !

Au moment où elle allait répondre, Maria le regarda fixement. Elle ne se rappelait de rien.

Maria, Carlu, Francesco et Arturo étaient ensemble. L'atmosphère était pesante et l'angoisse naissante à l'idée de ne pas revoir les autres était palpable. Ils ignoraient qu'ils revenaient d'une autre dimension et ne comprenaient pas où Antone, Anna, Tom et Emma pouvaient bien se trouver.

Francesco ne réussit pas à trouver le sommeil tant il était rongé par l'inquiétude. Maria était épuisée et s'était allongée avec « petit être » et dormait profondément. Carlu jouait sur sa console, quand il entendit une voix lui murmurant :

- Aidez-moi, aidez-moi !

Il lâcha la manette, se précipita dans la chambre de Francesco et lui dit :

- Papa, on nous appelle au secours !

- Qu'est ce tu racontes, essaye de dormir !

- Je te promets, j'ai entendu "aidez-moi !"

Francesco, persuadé que son fils délirait, lui demanda de retourner se coucher, en pensant que c'était le fruit de son imagination.

Francesco somnolait quand il entendit la voix :

- Aidez-moi, aidez-moi !

Il se leva d'un bond, le palpitant battant la chamade, et se précipita dans la chambre de Carlu. Ils cherchèrent dans toute la maison, essayant de localiser la voix. Ils n'étaient pas loin du miroir et de la harpe.

Dans l'autre dimension, Antone, Anna, Tom et Emma hurlaient à l'aide mais de l'autre côté, la voix était très faible. Alors que Francesco faisait un geste de lassitude, Emma eut une idée.

- Apparemment, on ne se rappelle de rien en rentrant. Donc, on va écrire sur une feuille la solution pour rentrer, chacun en aura un exemplaire sur soi, de cette façon, le premier qui revient à la normale peut faire rentrer les trois derniers.

À ce moment, un orage éclata, plongeant les maisons des deux univers dans un noir profond. Les éclairs déchiraient le ciel, la nature se déchaînait et une pluie torrentielle déferla sur la maison de Propriano, renforçant davantage le sentiment d'impuissance face à l'inconnu. Un craquement déchira le ciel et la foudre s'abattit sur la maison, directement sur la harpe. Tout alla très vite, Emma, Anna, Tom et Antone apparurent par reflets au niveau du miroir et les autres purent les voir. Ils leur hurlèrent de jouer un air, mais l'éclair suivant fit un vacarme épouvantable et ils ne comprirent rien. Seule la luminosité avait permis à chacun de voir les autres pendant un vague instant...La harpe était à moitié détruite...

La famille Spiaggia jouait de malchance. Le seul moyen de rentrer était à moitié détruit par la foudre. Francesco n'avait pas dit son dernier mot et Maria n'allait pas abandonner Antone. C'était en plus leur dernier jour à Propriano et s'ils ne trouvaient pas un moyen de réparer les dégâts, leur avenir en commun semblait bien compromis. Il fallait rapidement contacter le propriétaire avant l'état des lieux du jour du départ, sinon ils couraient à la catastrophe. Francesco l'appela sur le champ et ce dernier arriva dans les vingt minutes. Il se précipita en direction de la harpe, et se retourna vers Maria, Carlu et Francesco qui donnait à manger à « petit être ».

Le propriétaire lui demanda :

- Où est votre compagne Emma et les autres ?
  Ils n'ont pas pris la foudre, j'espère.

Devant le mutisme de nos trois protagonistes, le propriétaire se dirigea vers le coffre derrière le miroir, là où il y avait des cordes en cuivre, celles qui avaient été détruites, et commença à les remplacer.

- Il va falloir que je l'accorde en même temps. Heureusement qu'il n'y a que ça d'endommagé. Ne vous inquiétez pas, vous n'êtes nullement responsables et vous récupérerez votre caution.

Il posa la corde, fit un nœud, tira, passa dans un trou et tourna la petite clé pour la tendre. Il émit un son et à ce moment, Antone et Tom se retrouvèrent sur le canapé.

Comme tous les yeux étaient rivés sur la harpe, personne ne fit attention à leur présence et quand le propriétaire remplaça la deuxième corde en faisant les mêmes gestes, Anna apparut. Il continua ainsi jusqu'à la dernière, mais Emma n'était toujours pas là.

Au moment où le propriétaire actionnait les cordes, Antone, Tom et ensuite Anna, s'étaient assis sur le canapé mais Emma avait trop attendu que la place se libère. Le plus bête dans tout ça, c'est qu'elle avait eu l'idée du papier pour se rappeler comment rentrer mais l'orage avait éclaté à ce moment-là : elle était maintenant la seule dans l'autre dimension …

7. La colombine

L'histoire se déroule dans les années 70, à Dampvalley-les-Colombe, petit village de Haute – Saône, au lieu-dit « La Colombine ».
Emma et Anne attendaient avec impatience chaque mercredi après-midi, moment propice à la détente et aux loisirs. Elles se rendaient, comme à l'accoutumée, à la Colombine, une rivière qui traversait tout le village. A un endroit particulier, l'eau y était beaucoup plus abondante, ce qui ressemblait à une sorte de bassin, idéal pour la baignade.
Emma adorait l'eau depuis sa plus tendre enfance et malgré le froid glacial à son premier contact, elle s'y jetait à chaque fois tout entière tant elle ressentait le besoin de s'y mouvoir. Elle affectionnait cet endroit tout particulièrement, c'était un peu comme si Anne et elle, avaient leur piscine particulière.
Le contact avec le fond était glissant, gluant et peu agréable mais les deux fillettes étant en perpétuels mouvements, elles s'en accommodaient toujours rapidement.
Ce jour-là, un évènement inattendu allait survenir. Emma dévala à toutes jambes la route qui menait chez Anne. Cette dernière n'étant pas prête, Emma manifesta une certaine impatience.

- Dépêche-toi, j'ai envie de me baigner.
- C'est bon, tu n'es pas à 2mn près quand même !
- Pff…

Anne prit son sac et les deux amies partirent joyeusement en direction de la Colombine. Le temps était lourd et menaçant, mais rien n'aurait pu gâcher ce moment, ni les éclairs qui illuminaient le ciel, ni le grondement retentissant du tonnerre qui sévissait au loin.

Elles arrivèrent à la Colombine, jetèrent leurs sacs dans l'herbe, sans même prendre la peine de sortir leurs serviettes de bain et se jetèrent à l'eau, particulièrement glaciale cet après-midi-là. Elles criaient à gorge déployée, s'éclaboussaient, comme elles le faisaient si souvent et ne s'occupaient guère du ciel menaçant.

A un moment, Emma sentit quelque chose lui chatouiller les mollets.

- Anne, arrête tes bêtises !

Anne était sous l'eau mais ne remontait toujours pas à la surface. L'eau était trouble, mais entre la vase et leurs mouvements, il n'y avait rien d'étonnant ! Il était impossible de voir quoi que ce soit.

En même temps, le ciel devenait de plus en plus sombre, l'orage se rapprochait, les éclairs éclairaient le ciel. Les 1ères gouttes commencèrent à tomber.

- Anne, remonte, il pleut, vite, il faut partir !

Emma commença à paniquer. Elle sentait toujours quelque chose lui chatouiller les mollets, Anne ne remontait toujours pas, et à moins qu'elle fût en train de battre le record de Jacques Maillol dans le grand bleu, elle ne réapparut pas.

Le cœur d'Emma se mit à battre si fort qu'elle pensa un instant qu'il allait lui transpercer la poitrine. Quelque chose était arrivé à Anne, elle en était sûre. Elle voulut crier au secours mais aucun son ne sortit de sa bouche. Elle était muette, pétrifiée par la peur. Soudain, la foudre s'abattit dans un vacarme épouvantable… Emma fût projetée hors de l'eau. Grelottante, tremblante de froid et de peur, elle se réfugia sous un arbre, blottie dans une serviette pour se réchauffer. Ses dents claquaient, chaque parcelle de son corps tremblait, elle ne cessait de se répéter « mais où est Anne ? ».

Elle regarda ses chevilles sur lesquelles on pouvait distinguer une marque rougeâtre, comme l'empreinte d'une main qui l'aurait serrée très fort. Et soudain, la plus improbable des choses arriva. Anne se tenait derrière elle.

- Mais comment est-ce possible ?! T'étais où ? J'ai eu trop peur !

Emma se demanda un instant si elle n'était pas en train d'halluciner, mais non, Anne était bel et bien là, droite devant elle.

Pendant qu'Emma était sous l'eau, Anne était sortie et s'était cachée tout ce temps pour lui faire cette farce de mauvais goût. La peur avait laissé place à la colère.

- Mais tu te rends compte ! J'ai cru que tu t'étais noyée !

Voyant que rien ne pourrait calmer Emma, Anne lui présenta ses excuses. Emma regarda à nouveau ses jambes sur lesquelles l'empreinte de deux mains ne semblait pas se dissiper.

Et si Anne n'était pas dans l'eau, qui lui avait tenu les chevilles ?

8. L'avion

« Mesdames et Messieurs, bienvenue à bord. La température extérieure est de 30°C. La durée approximative de notre vol est de 12 heures. Nous arriverons à Prétoria à 10 heures, heure locale. »
"Ladies and gentlemen, welcome aboard. The temperature outside is 30°C. Our flight will last approximately 12 hours. We'll be in Pretoria at 10, local time."

Ensuite, bien entendu, nous eûmes droit aux consignes de sécurité et aux démonstrations de l'hôtesse que tout le monde écouta scrupuleusement mais que peu seraient capables d'appliquer en cas de réelle panique.
Nous écoutâmes la même chose dans un anglais approximatif et un accent qui aurait torturé Shakespeare dans sa tombe.

Laissons là les problèmes linguistiques et attardons-nous un peu sur les passagers. Nous étions environ 50 dans ce DC10. Je regardai autour de moi et pensai « Et c'est parti pour 12 heures dans cette boîte à sardines avec des « gugusses » que je ne connais pas ! ». A ma gauche se trouvait une grand-mère aux cheveux argentés. Sa peau burinée me rappela un instant les goldens que ma mère m'achetait, croyant me faire plaisir, et qui se desséchaient dans la corbeille de fruits car personne ne les aimait. A ma droite, un homme bouffi par l'alcool, la cinquantaine, bedonnant ; des auréoles jaunâtres apparaissaient sur sa chemise blanche mal repassée. Il émanait de lui un parfum bon marché, loin des délicates senteurs de Chanel et d'Yves Saint Laurent…. « Encore un à qui la vie n'a pas fait de cadeaux », pensais-je au fond de moi.

Je dévisageai les passagers un à un, du moins ceux que je pouvais apercevoir depuis ma place. Il y avait de tout, des enfants qui criaient, d'autres qui pleuraient, des hypoglycémiques qui s'empiffraient de sucreries, des anxieux qui faisaient leur prière à la moindre turbulence, des coquettes qui refaisaient leur maquillage pour être toujours au top, quoi qu'il arrive…bref, tout ce petit monde vaquait à ses occupations. Il y eut un film, une comédie sentimentale légère, une de ces productions Hollywoodiennes qu'on oublie bien vite tant l'histoire est inconsistante, puis un documentaire sur l'Afrique du sud qui nous fit passer le cap (juste une petite blague) des 6 heures de vol. Je m'étais assoupie après le documentaire et je fus tirée de ma léthargie par la voix de l'hôtesse. « Tea, coffee, fruit juice ? ».

Le café de l'avion étant plus proche du jus de chaussette que de l'espresso de Georges, j'optai prudemment pour le thé.

- Tea please!
- Biscuits, sandwiches?
- No, thanks

Je me suis toujours demandé comment on pouvait manger les sandwichs de l'avion, insipides et sans saveur. La seule vue des plateaux repas me coupait l'appétit alors que je n'avais pas mangé depuis des heures et qu'en temps ordinaire, j'aurais déjà pu avaler un bœuf sur pieds.

Je regardai autour de moi et je me rendis compte qu'il y avait des sièges vides. Je me dis que ces gens étaient sans doute aux toilettes. Une heure plus tard, après avoir encore somnolé, je m'aperçus que non seulement les sièges vides n'étaient toujours pas occupés mais que d'autres sièges étaient vacants.

« C'est bizarre, ça », pensai-je. « Mais où sont ces gens ?!! ».

Nous étions maintenant à 3 heures de Pretoria et le pilote n'avait pas refait d'annonce depuis le départ. Quant aux hôtesses, elles semblaient s'être volatilisées dans la nature.

Je mis tout ça sur le compte de la fatigue et je repris le roman que j'avais commencé la veille, page 210. J'en continuai la lecture jusqu'à la page 270, puis, me sentant déshydratée, je décidai d'appeler l'hôtesse pour avoir un verre d'eau. J'appuyai sur le bouton d'appel une fois, deux fois, trois fois…rien. Me rappelant qu'on n'est jamais mieux servi que par soi-même, je me décidai à chercher de l'eau par mes propres moyens. Toute la rangée semblait somnoler. Mais le plus étrange dans tout ça, c'est qu'il restait très peu de gens. Mais où étaient-ils passés ? Je commençais à me poser des questions.

Je retournai vers mon siège, sans avoir trouvé une goutte d'eau et je dis à mon voisin : « Vous ne trouvez pas ça étrange, vous, qu'il y ait la moitié des sièges vides ? ».

Effectivement, tout ceci n'était pas très normal et d'autres personnes commencèrent à s'en inquiéter. Et l'inquiétude commença à se propager.

- Ça n'est quand même pas plausible qu'ils soient tous dans la cabine de pilotage ! rétorqua la femme au visage fripé.
- Le meilleur moyen de le savoir, c'est d'aller voir. Qui me suit ?

Trois personnes répondirent à mon appel et nous nous dirigeâmes vers la cabine de pilotage.

- Il y a quelqu'un ? Ohé ? Anybody ?

Personne. Nous pénétrâmes dans la cabine et là, stupéfaction, pas de pilote, pas de steward, pas d'hôtesses, personne, rien que cette immense cabine vide avec des boutons qui clignotent. Puis arrivèrent les turbulences, l'avion commença à perdre de l'altitude, à bouger dans tous les sens. Dans l'allée principale, des sacs tombaient, les masques à oxygène voltigeaient. « Mon dieu », criai-je, « On perd de l'altitude, personne ne sait piloter ?

- Si, moi, répondit un des passagers, mais je n'ai jamais piloté sur ce type d'appareil !

Sans équipage, la moitié des passagers envolés dans la nature…qu'allions nous devenir ?

Notre pilote de fortune s'assit et commença à toucher à un tas de boutons et de manettes auxquelles nous ne comprenions strictement rien. Il prit la radio et tenta de contacter l'aéroport.

- Ici vol AF 2450 à destination de Pretoria, sommes en difficulté...demandons de l'aide », je répète... vol AF 2450 à destination de Pretoria...sommes en difficulté...demandons de l'aide.

Il s'en suivit une sorte de vrombissement, puis un cliquetis, puis plus rien.
A l'extérieur, tout était noir, calme. L'avion semblait s'être stabilisé. Nous sortîmes tous les trois de la cabine et là, en retournant vers les autres passagers, nous eûmes la stupéfaction de voir qu'il n'y avait plus personne. C'était le néant total, un cauchemar...Je m'assis, fermai les yeux et épuisée, finis par m'endormir. J'entendais des bruits autour de moi, tout d'abord sourds, et petit à petit, de plus en plus nets.

- Docteur, docteur, ça y'est, elle s'est réveillée, enfin !
- Et bien, dite moi, vous nous avez fait une belle frayeur ! Heureusement que nous avions un médecin à bord !
- Quoi ? mais, mais... les passagers sont revenus, l'hôtesse est là ? Il n'y a plus aucun problème ?

L'hôtesse me fixa du regard, les yeux écarquillés.

- Mais, il n'y a jamais eu de problèmes, à part vous !

Elle m'expliqua ensuite que je m'étais endormie et que prise d'une crise de somnambulisme, j'étais devenue violente envers un passager, tentant de l'étrangler, que ce dernier avait rétorqué violemment en m'assénant un coup sur la tête, d'une telle force que je m'étais évanouie et qu'avec un passager médecin, ils essayaient de me réveiller depuis plus d'une heure. Je passai la main sur mon front et je sentis une énorme bosse !

9. La rivière d'émeraude

Jade s'affairait à préparer ses bagages ; son départ pour la Guadeloupe était imminent. Comme elle en avait l'habitude avant chaque voyage, elle commençait sa valise quatre jours avant le départ, de peur d'oublier quelque chose, et au fur et à mesure que l'heure du départ se rapprochait, elle rajoutait des choses, futiles aux yeux des autres, mais indispensables pour elle. Le vol était à 10h, et il fallait se présenter deux heures avant l'embarquement. Elle procéda aux formalités d'embarquement, puis au passage à la douane, et au moment où elle franchissait le portique, la sonnerie retentit.

- Melle, s'il-vous-plaît, veuillez nous suivre.

Jade n'ayant rien à se reprocher, ne broncha pas et suivit les femmes de la sécurité qui lui imposèrent une fouille corporelle un peu plus poussée. Elles ne trouvèrent rien, absolument rien. Jade savait pertinemment que pour une personne sur cinq, l'alarme se déclenchait de façon aléatoire, du moins on le lui avait déjà fait comprendre. Pendant qu'elle rangeait ses affaires, la sécurité l'ayant laissé partir, son regard fut attiré par une jeune femme d'une vingtaine d'années qui tenait son sac serré contre elle, comme s'il abritait un trésor. Puis on invita les passagers à monter à bord. Chacun cherchait son siège et Jade ayant le siège 13 A, se retrouva à côté de la jeune femme.

- Bonjour, excusez-moi, vous êtes sur le siège que je dois occuper. J'avais demandé le hublot.
- La jeune femme fit mine de ne pas entendre, ou de ne pas comprendre.
- Euh, vous êtes à ma place !

Aucune réaction, pas un battement de cil. Rien. Jade s'assit, faisant contre mauvaise fortune bon cœur, et lorsque l'hôtesse passa pour donner les consignes de sécurité, elle lui demanda de faire quelque chose. L'hôtesse obtint la même réponse que Jade. Comme cette dernière avait l'intention de dormir, elle n'insista pas, mit son casque pour écouter une musique de détente et finit par s'assoupir, bercée par le bruit des moteurs.
Le vol se déroulait normalement quand Jade fut réveillée par un message d'alerte.

- Mesdames et Messieurs, nous entrons actuellement dans une zone de turbulence. Veuillez attacher vos ceintures.
-

Jade s'exécuta sur le champ. Le siège à côté d'elle était vide.

- S'il-vous-plaît, vous avez vu ma voisine ?
- Oui, elle a été surclassée, elle est en « classe affaires ».

Les secousses étaient de plus en plus fortes, et l'avion faisait des soubresauts qui commençaient à devenir inquiétants. Les gens devenaient blêmes, certains étaient malades, d'autres priaient, criaient... Jade regarda par le hublot et vit la mer se rapprocher dangereusement, tant l'avion perdait de l'altitude.

- Ici le capitaine James Stewart, demande atterrissage d'urgence, je répète, demande atterrissage d'urgence.
- Que se passe-t-il ?
- La tempête Alex a endommagé un des réacteurs et nous devons atterrir d'urgence sinon, le crash est inévitable.

Il s'en suivit un vacarme épouvantable, le déséquilibre de l'appareil, les sacs qui tombaient sur les passagers, les masques à oxygène qui flottaient littéralement en l'air ... et là, Jade s'évanouit.

Quand elle ouvrit les yeux, tout était noir, sa jambe droite était coincée par quelque chose qu'elle ne réussissait pas à identifier. Elle réussit à s'extirper de l'appareil et il n'y avait plus que des cadavres autour d'elle. Elle se mit à hurler de toutes ses forces. Elle regarda autour d'elle, il ne restait que des débris d'avion qui flottaient. Elle ne comprenait même pas qu'elle puisse être encore en vie. Elle n'avait aucune idée de l'endroit où elle se trouvait, sûrement pas en Guadeloupe, mais sur une petite île inconnue au bataillon. En passant la main sur son front, elle sentit du sang sur ses doigts et sa jambe était douloureuse.

Bon sang, se dit-elle, je ne suis quand même pas la seule survivante ! Épuisée, elle s'endormit. Au milieu de la nuit, elle sentit une présence. La jeune fille de l'avion se tenait debout, la regardant.

-   Vous êtes en vie aussi ?
-   Oui dit-elle, il fallait que je revienne…
-   Hein, que vous reveniez ?! Qu'est-ce-que vous voulez dire ?
-   C'est la malédiction…
-   Oula, on va se calmer, je ne comprends rien à ce délire.

Elle lui sourit en guise de réponse et lui indiqua de l'index le chemin.

La jeune fille ouvrait le chemin et Jade la suivait tant bien que mal, sa jambe la faisant souffrir.

-   Euh, on peut faire une pause ?
-   Non, c'est presque la pleine lune.

Jade ne comprenait rien à toute cette histoire et commençait à trouver cette personne flippante.

-   Je suis la seule habitante de cette île et je dois rentrer dans la caverne secrète avant la pleine lune, sinon la malédiction continuera.

-   C'est vous qui avez provoqué le crash ?

- Oui, j'ai des pouvoirs et j'ai hypnotisé tout le monde, je ne sais pas pourquoi ça n'a pas marché sur vous !
- Peut-être parce que j'écoutais une relaxation et que je n'ai rien entendu.
- Oui, mais du coup, vous êtes liée à moi, car je suis seule à détenir le secret pour rentrer.

Jade, en plein délire, suivit la jeune fille qu'elle pensait complètement folle. Elles marchèrent plusieurs jours, se nourrissant de baies sauvages, quand elles arrivèrent dans un lieu magnifique. L'herbe et les arbres étaient turquoise et une cascade gigantesque, d'une puissance incroyable, jaillissait d'un immense rocher, pour retomber dans la rivière qui s'était formée en contrebas. Le spectacle était à couper le souffle. Une myriade de couleurs s'offrait à leurs yeux émerveillés. L'eau charriait une multitude d'émeraudes de toutes tailles qui finissaient par s'échouer le long des berges. La cascade dissimulait une ouverture que la jeune fille franchit pour entrer dans une caverne. Jade la suivit et la femme disparut, comme par enchantement, mettant sûrement fin à la malédiction. Jade était au milieu du trésor, seule, contemplant inlassablement le spectacle émeraude. A l'extérieur, la pleine lune apparut.

Cinq ans plus tard, Jade prenait un vol pour la Guadeloupe. Une jeune fille lui adressa la parole pour lui dire qu'elle s'était trompée de siège. Jade la regarda, lui sourit et ne répondit pas.

10.   Le mystère de la clé

Déva enfila son survêtement, comme elle le faisait chaque matin, pour faire son jogging sur la plage de Juan les pins. Elle s'adonnait à ce rituel quotidiennement, avant d'ouvrir sa boutique vers 9 heures. Ce matin de Décembre était brumeux et lorsqu'elle quitta la résidence vers 7 heures, le léger picotement des premiers frimas de l'hiver se fit ressentir. Peu importe la température ! D'un pas alerte, Deva quitta la résidence qui dormait encore, les gens étant plus enclins à rester au chaud sous la couette, qu'à aller faire de l'exercice dans le froid. Elle traversa des rues sordides, humides, dans les courants d'air où elle croisa le regard de quelques individus à la mine patibulaire, titubant le long des trottoirs, sans doute imbibés d'un alcool bon marché qui leur faisait oublier une vie pathétique. Elle arriva sur la plage de sable fin, pour assister au spectacle offert par le soleil, comme chaque matin. Elle foulait le sable encore humide et soufflait rapidement, afin de ne pas perdre le rythme. Elle courait depuis vingt minutes, quand son pied se prit dans une lanière de sac à main, et elle s'étala de tout son long. Elle avait du sable dans la bouche, qu'elle s'empressa de recracher immédiatement en vociférant et en jurant. Elle tira sur la lanière qui l'avait fait chuter et sortit du sable un petit sac en soie. Elle se demanda pourquoi ce sac, qui s'apparentait plus à une pochette de soirée qu'à un sac proprement dit, se trouvait là. Curieuse, elle l'ouvrit pour en voir le contenu. Il semblait vide ; cependant, elle fut attirée par une forme distincte de clé dans la doublure. Elle décida de garder la pochette, continua à courir, tout en se demandant ce qu'elle allait y trouver. En rentrant, elle prit sa douche, un café sur le pouce, et se rendit ensuite dans sa boutique d'art. Elle avait la pochette en soie dans ses affaires et vers 11 heures, quand la boutique fut vide, elle prit ce sac entre les mains et le retourna dans tous les sens. Elle s'empara d'une paire de ciseaux et fit une entaille dans le fond. Une clé dorée, toute petite, se trouvait dans la doublure.

Elle ne risquait pas de ramener le sac à sa propriétaire, en l'absence de tout papier d'identité stipulant à qui il appartenait. Mais la question qui la taraudait, c'est : pourquoi cette clé est-elle dans la doublure ? L'après-midi, il y eut beaucoup de monde dans la boutique et Déva oublia un peu sa trouvaille. En rentrant, elle se mit devant la télévision et regarda les infos régionales. Elle écoutait passivement, quand le présentateur annonça qu'une épave avait été retrouvée au large des îles de Lérins. Son contenu fut étalé au grand jour, à savoir des pots anciens, des bijoux couverts de vert de gris, des bibelots et un coffre énorme sur lequel était inscrit la lettre **D**. Il était fermé avec une chaîne et un cadenas. Déva regardait toujours en tripotant machinalement la pochette de soie, quand elle découvrit qu'une inscription était gravée sur la petite clé dorée : La lettre **D** ! Le lendemain, elle se rendit à la banque pour y déposer sa recette du jour ; elle avait également des papiers importants à signer et des documents à consulter dans son coffre-fort sécurisé.

Elle ouvrit ce coffre, y déposa les papiers et se dit qu'elle allait laisser « la petite clé » dedans, comme si celle-ci avait une grande valeur. Mais au moment où elle posa la clé, la lettre **D** s'était transformée en **E**. Le cœur battant, elle la reprit et ferma le coffre. Elle retourna à la boutique et quand elle arriva, elle replongea la main dans le sac. Sur la clé figurait la lettre **L**. Ce n'est pas possible se dit Déva, je deviens folle ou quoi ? Elle passa la journée à se poser la question, et rentra chez elle, toujours obnubilée par la clé. En la regardant, elle vit la lettre **i** ! ça y'est, je deviens dingue, pensa-t-elle. Elle regardait la clé, fixement, scrutant le moindre changement. Elle finit par s'endormir.

Le lendemain, elle partit faire son jogging et ne s'occupa plus de la clé, mais pensa plutôt à sa santé mentale. En rentrant, elle se doucha ; en attendant que son thé infuse, elle regarda la clé. Un **V** apparut. Ça continue ! C'est quoi ce délire ? Elle ne voulait en parler à personne, de peur de passer pour une folle et de se faire interner. Elle savait que si elle prenait la clé et la quittait des yeux, une autre lettre apparaîtrait. Le soir même, c'était la lettre **R** et le lendemain, la lettre **E**. En regardant l'émission sur les trouvailles dans les fonds sous-marins, elle mit le « replay » en marche pour revisionner le tout. Elle arrêta au moment où les plongeurs sortaient le coffre de l'eau, et là, elle vit la lettre **M**. Elle regarda la clé sur laquelle se trouvait la lettre **O**, puis de nouveau le coffre, qui affichait la lettre **i**. Elle se rendit compte que toutes les lettres formaient une phrase

« **DELIVRE MOI** ». Non, mais c'est un truc de dingue… Qui avait besoin d'aide ? Qui voulait être délivré ? Comment croire en cette magie mystérieuse, affichant des lettres les unes après les autres ? Elle songea à toutes les histoires de pirates qu'elle avait entendues ou lues dans son enfance mais le mystère demeurait entier. Il fallait qu'elle rentre en contact avec le journaliste de la TV, pour savoir de quoi il retournait. La clé en sa possession devait avoir beaucoup plus de valeur que ce à quoi elle s'attendait, le jour où elle l'avait découverte. Elle leva les yeux vers l'écran et fixa l'image du coffre intensément, en tenant la clé dans la main… Le coffre s'ouvrit … et un Génie en sortit ; il prononça ces mots :

- Déva, merci de m'avoir délivré. Fais 3 vœux.

11.　Le fou de la foux

Depuis plus de deux semaines, la canicule écrasante qui s'était abattue sur la ville rendait les habitants casaniers, plus enclins à rechercher la fraîcheur des vieilles pierres de leurs bâtisses qu'à arpenter l'asphalte cuisant des rues. Chaque rayon rendait le bitume plus brûlant et la seule façon de supporter les quarante degrés restait encore le rafraîchissement que les vingt-quatre fontaines de la Foux pouvaient offrir, intarissable oasis de fraîcheur dont les Vençois ne pouvaient plus se passer en ces périodes estivales.

Adorant se balader dans les rues de Vence à la fraîche, l'adjudant-chef Vincent Fontana avança sa ronde matinale routinière de deux heures et se leva vers six heures du matin. Après un petit déjeuner pris sur le pouce et un expresso bien serré, il revêtit son uniforme qu'il arborait avec fierté, ne consacra pas plus d'une minute à sa coiffure bientôt dissimulée sous son képi, prit son arme machinalement et, accompagné du Brigadier Antonio Riva avec qui il faisait équipe depuis quelques temps, se rendit Avenue du Colonel Meyer.

- Quelle cagna, mon adjudant ! Déjà vingt-six degrés alors que la ville dort encore. Je meurs de chaud sous mon képi, je vais me passer un peu d'eau sur le front.

Tout en prononçant ces mots, il se dirigea vers la fontaine avoisinant la médiathèque. Fontana lui lança un petit sourire narquois soulignant son manque de résistance à la moiteur qui certes, rappelait celle d'un jardin botanique ou d'une serre tropicale, mais Riva semblant s'éterniser devant la fontaine au lieu de se désaltérer comme il en avait l'intention, lui cria, avec son accent niçois bien prononcé :

- Oh, Brigadier, vous faites quoi au juste, vous prenez racine ?

Devant le mutisme de Riva, Fontana se rapprocha de la fontaine. On pouvait distinguer du sang sur les bords et sur le sol, pas encore évacué par le jet de l'eau de source si précieuse aux Vençois pendant ces périodes de canicule. Les deux hommes échangèrent un regard furtif et Vincent Fontana en conclut que quelqu'un avait dû se blesser, peut-être un animal...
L'air dubitatif, Riva acquiesça néanmoins, sans grande conviction. Il n'avait nullement l'intention d'insister. Connaissant Fontana et son flair légendaire, si ce dernier ne s'inquiétait pas, il n'y avait sans doute rien à craindre.
Après leur ronde habituelle, ils rentrèrent à la gendarmerie, Avenue Emile Hugues et aucun des deux ne fit mention du côté hémoglobine de leur promenade.

- Bonjour adjudant-chef, bonjour brigadier, quoi de neuf ?
- Rien de spécial.

Fontana, omettant volontairement de mentionner le sang de la fontaine resta taciturne, jeta un coup d'œil rapide sur le courrier du jour mais son comportement n'était pas toujours révélateur de ses états d'âme...il faut toujours se méfier de l'eau qui dort...

Le lendemain, ils empruntèrent le même chemin et cette fois-ci, s'arrêtèrent à la fontaine suivante, près du bouquiniste. Là, Fontana n'en cru pas ses yeux quand il vit une main flotter dans l'eau. Devant cette macabre découverte, ils gardèrent leur sang-froid et Fontana saisit le membre glacial et figé à l'aide d'un gant en plastique et le déposa dans un sac qu'il avait dans sa poche. Il prit soin de n'effacer aucune empreinte, si toutefois il en restait, vu que la main avait baigné dans l'eau. Le paquet sous scellé serait ensuite confié à un médecin légiste qui pourrait déterminer la date du décès. Il était trop tôt pour questionner les commerçants aux alentours, et il n'y avait aucun passant, aucun témoin.

Le sang hier, la main aujourd'hui...tout ceci ne pouvait pas être une coïncidence...
- Mon adjudant, si un criminel court toujours on ne l'a pas encore pris la main dans le sac.
- Très drôle brigadier, vous pensez que c'est le moment de faire de l'humour, quel bestisa !

72

De retour à la gendarmerie, on décida qu'une enquête devait être ouverte. Il en fut référé au parquet de Grasse et le procureur Cossettini, un proche de l'adjudant-chef, donna libre arbitre à Fontana pour mener à bien l'enquête.

Vers dix-sept heures, un homme motorisé s'approcha de la boite aux lettres de la gendarmerie et glissa subrepticement une enveloppe avant de faire vrombir son engin et s'éloigner au plus vite.
Un des gendarmes en service et de garde ce jour-là se rendit à la boîte, l'ouvrit et trouva une enveloppe jaune qu'il ramena et tendit à Fontana qui l'ouvrit sur-le-champ.

A l'intérieur, on pouvait lire :
Mon 1er a ça dans le sang
Mon second me donne un coup de main
Mon tout se trouvera demain

- Lou deliri ! Je ne comprends rien à cette charade!
- Je pense qu'on a affaire à un corbeau qui prépare quelque chose et tente de nous expliquer mon adjudant.

Ils retournèrent les phrases en boucle dans leur tête…
Mon premier a ça dans le sang…le sang…bon sang, mais bien sûr, le sang au bord de la première fontaine !

Mon second me donne un coup de main … la main qu'on a trouvée !
Mon tout se trouvera demain…demain ?
S'agissait-il d'un avertissement ? Fontana voulait en avoir le cœur net et il fallait désormais prendre toute cette affaire très au sérieux, un esprit dérangé arpentant les rues de Vence en toute sérénité. Mais dans quelle direction aller ? Où chercher ? Que faire ? Aucun indice ne laissait présager ce qui allait se passer, si ce n'est cette charade qui lui donnait plus de fil à retordre qu'une véritable piste ! Son esprit cartésien était quelque peu dérouté par la tournure d'esprit du criminel mais rien ni personne ne porterait ombrage à ce fin limier, raison pour laquelle d'ailleurs le procureur Cossettini l'avait préféré à un commissaire pour mener cette mission avec brio.
Vincent Fontana dormit très mal cette nuit-là, ressassant les mêmes sempiternelles questions. Il se leva pour étancher sa soif, et sur la table de la cuisine, prit le journal du jour qu'il n'avait pas encore lu. Après en avoir feuilleté quelques pages, il se retrouva à la rubrique disparition. On recherche Jenna Pisani, 23 ans, blonde, 1m65, disparue de son domicile depuis mardi dernier. Elle portait un jean et un tee shirt vert au moment de sa disparition. Si vous avez aperçu Jenna, contactez la police ou la gendarmerie au plus vite.

- Pfff, encore une jeune fille en crise qui a dû fuguer !

Il retourna se coucher, finit par s'endormir, se réveilla naturellement vers 5 heures du matin et se prépara machinalement comme chaque matin, avec les mêmes gestes quotidiens de vieux garçon ayant voué sa vie à sa carrière sans avoir jamais eu envie de fonder une famille.

Antonio Riva l'attendait devant chez lui et ils retracèrent le même chemin allant de la première à la deuxième fontaine.

- Rien de spécial ce matin, mon adjudant ?

Vincent Fontana ne répondit mot, arborant l'air renfrogné de quelqu'un qui a mal dormi, mais Antonio Riva n'en fit cas. Ils marchèrent ensemble jusqu'à la fontaine du vieux Vence, située près de la crêperie dont les arômes émanant des bouches d'aération auraient attiré même le moins gourmand des Bretons. Mais en bon Niçois, Fontana était plus sensible à la socca, aux beignets de fleurs de courgette accompagné d'un petit rosé qu'à la crêpe Bénodet et au cidre brut.
Alors qu'ils s'étaient mis à parler gastronomie locale, une fois n'est pas coutume, ils entendirent une femme pousser un cri strident :

- Oh mon dieu, quelle horreur !

Quelques curieux s'étaient attroupés et Fontana somma tout le monde de s'éloigner, d'une voix forte et autoritaire, entraînée par les années d'armée.

- C'est quoi tout ce remue-ménage, que se passe-t-il ?

Tremblant de tous ses membres, la femme leur indiqua de regarder vers la fontaine. Sur le rebord se trouvait une autre main, la peau complètement flétrie et entre l'index et le majeur, une enveloppe jaune avait été glissée…
Après avoir convoqué la femme et les autres passants à témoigner au commissariat, Fontana saisit l'enveloppe dans laquelle se trouvait une explication et lut attentivement son contenu :

Demain = deux mains… J'ai remporté la 1ère manche Fontana…
Je suis plus fort que toi !
Voici tes prochains défis :
Mon 1er marchera
Mon second marchera
Mon tout se paiera !
Ne me déçois pas, Fontana…

- Mais pour qui se prend-t-il ce fou ? Tu vas voir si Fontana n'est pas le plus fort quand il s'embile ! Je n'ai pas dit mon dernier mot fada! Piha garda !

C'était officiel, Vence abritait un dangereux psychopathe et tout allait être mis en œuvre pour le retrouver, Fontana étant à la tête des décisions et des directives et au cœur du mystère, étant donné que le corbeau s'adressait directement à lui.

Il va falloir élucider la charade de ce stassi et déployer les forces de l'ordre un peu partout dans la ville.

Il expliqua à chacun la démarche à suivre, s'enferma dans son bureau et relut en boucle la charade...demain veut dire deux mains, donc marchera, marchera...on marche avec les pieds...

- Non ! Il va mettre des pieds cette fois. Quel taré ! Mais où ? Mon tout se paiera, paiera...Il aime les jeux de mots...paiera, mais oui, la fontaine du Peyra !

Fontana décida que cette nuit-là, ils feraient le guet vers la fontaine du Peyra pour attraper celui qu'il se mit à appeler le fou de la Foux. Le soir même, Fontana et ses hommes attendirent, prostrés dans la pénombre, que quelqu'un se manifeste... vingt-deux heures, vingt-trois heures, minuit...rien...

Une heure du matin, deux heures, trois heures ...toute l'équipe commençait sérieusement à somnoler quand le bruit d'un scooter qui démarrait à toute trombe les sortit de leur torpeur. Un homme venait de jeter un sac plastique dans la fontaine du Peyra et le temps que les gendarmes réagissent, il était déjà bien loin !

Fontana, qui s'était lui-même assoupi, piqua une colère sans précédent.

- Mais on va passer pour quoi maintenant ?

Ils ouvrirent le sac plastique et comme Fontana l'avait compris, il y avait deux pieds et une enveloppe jaune !
Il ouvrit l'enveloppe et lu le message suivant :

Ton esprit a été plus rapide que tes jambes, voici la 3ème charade Fontana, ne me déçois plus !
Mon 1er te gêna et me fit une belle jambe
Mon second est un jeu de mot laid pour gens bêtes
Mon tout mettra la demoiselle à la rivière

Pour Fontana, la guerre était déclarée. Il avait déjà perdu beaucoup trop de temps, il fallait élucider tout cela … Cette énigme semblait contenir un indice supplémentaire, « te gêna…gêna…Jenna !».

Il était désormais convaincu qu'il s'agissait de l'adolescente qui avait disparue. Puis le reste s'enchaîna, machinalement…Belle jambe, il lui a découpé la jambe. Mot laid=mollet et gens bêtes=jambettes.
Bon sang, on va retrouver les deux jambes ! Décidément, c'est un grand malaut ! La rivière au lieu de la fontaine, non ça n'est pas logique…Mais c'est quoi cette histoire de rivière, où est l'astuce ?

- Eh, Antonio, dites-moi, la demoiselle à la rivière, ça vous parle ?
- Mon adjudant, ça coule de source ! Je connais les demoiselles à la rivière peintes par Matisse.

- Mais oui, vous avez raison brigadier, il n'y a qu'une demoiselle, Jenna mais si c'est une peinture de Matisse, on a le lieu. Vite, en route pour la fontaine près du Lycée Matisse !

Ils furent bientôt sur les lieux mais il n'y avait absolument rien. En même temps, Fontana trouvait étrange que Riva fasse le même genre de blague que le psychopathe et qu'il ait de si solides connaissances en peinture.
Fontana se demanda s'il s'était trompé car tout ceci demeurait vraiment très étrange. Le mystère s'épaississait…

- Je crois que nous sommes trop fatigués, nous devrions y voir plus clair demain.
- Vous avez raison brigadier, je suis escagassé et j'ai besoin de repos et surtout, je suis affamé, je vais commander une pizza.

De retour chez lui, Fontana était presque déçu de ne pas avoir fait de découverte macabre. Ses placards et son frigo n'offrant qu'un spectacle de désolation, il commanda une calzone et décida de chercher une bonne bouteille de chianti en attendant le livreur.
Lorsqu'il descendit à la cave, à la lueur de sa lampe torche, ayant encore oublié de changer l'ampoule qui avait grillé une semaine auparavant, son regard fut immédiatement attiré par une sorte de papier qui était glissé dans le casier à bouteilles de vin entre les rosés du var et les côtes de Provence dont il raffolait en été. En s'approchant, il vit une enveloppe jaune.

La surprise lui fit lâcher la bouteille de Chianti dont le précieux breuvage se répandit sur le sol et lui éclaboussa l'uniforme. Il déchira nerveusement l'enveloppe.

Quel idiot tu fais Fontana, Matisse, c'est aussi une chapelle, ça n'est pas qu'un lycée, tu t'es trompé de fontaine, tu es une insulte à mon intelligence !

Une insulte à son intelligence ! Qu'il arrête de m'esgrafiner ce fada !

Il envoya une équipe vers la chapelle Matisse où ses hommes découvrirent les deux jambes de Jenna, coupées en deux morceaux parfaitement identiques dans un sac plastique attaché au robinet de la fontaine.

Quand le livreur de pizza arriva, Fontana n'avait plus faim, toute cette histoire lui ayant vraiment coupé l'appétit. Il régla la note et posa le carton sur la table de la cuisine. Il s'assit, l'ouvrit machinalement et là, non, ça n'était pas possible …une enveloppe jaune !

Il courut pour tenter de rattraper le livreur mais ce dernier était déjà bien loin. De toute façon, il ignorait sûrement que quelqu'un avait glissé l'enveloppe dans le carton à pizza…

Il lut le message suivant :
Mon 1er aime les colles
Mon 2ème n'est pas lissé
Pour mon 3ème casse-toi le tronc !
Mon tout est un saint

Les blagues du corbeau n'amusaient plus du tout Fontana. Le fait de se faire insulter et mener en bateau par ce pervers lui décupla sa capacité à comprendre. Il résolu l'énigme en quelques secondes.

Récapitulons : Les colles = école, pas lissé = il ne s'agit pas du lycée, casse-toi le tronc = on va retrouver le tronc de la victime. Mon tout est un saint = école Saint Michel !

Cette fois-ci, tu ne m'échapperas pas !
Il appela Antonio Riva et plusieurs de ses hommes à la rescousse et demanda à ce qu'on prévienne le directeur de l'établissement qui venait de fermer le portail d'entrée et par conséquent nous réserva un accueil des plus froids. Bien qu'ayant la vive impression de lui faire perdre son temps, ils l'interrogèrent afin de savoir si quelque chose de suspect s'était passé le jour même.

Il répondit ironiquement qu'à part les quelques caïds de cm2 qui s'étaient attaqués aux petits CP sans défenses, il ne voyait rien d'inhabituel. Il laissa entendre qu'il aimerait être tranquille après sa rude journée et qu'il avait encore bien des choses à faire et qu'il ne nous serait d'aucun secours. Ils se contentèrent de sa piètre réponse et décidèrent de rentrer bredouilles. Chacun partit dans une direction opposée et Fontana, persuadé d'avoir brillamment résolu la charade, se décida à faire le guet en solo. Il resta planqué non loin du parking Toreille et attendit…

Soudain, alors qu'il commençait à perdre patience, une moto s'approcha de la grille, puis un homme déposa une enveloppe dans la boite aux lettres et démarra en trombe. Reconnaissant la moto, Fontana se précipita, alerta le directeur et lui expliqua tout sur le champ. Ce dernier lui ouvrit la boite aux lettres dans laquelle se trouvait une nouvelle enveloppe.
Tu t'es trompé de saint Fontana !
Devant l'ancien Hôtel de Ville, appelé "Maison du Saint-Esprit " se trouve une petite fontaine récente.
Fontana se rendit devant l'ancien hôtel de ville et retrouva le tronc du corps dans la fontaine avec, vous l'aurez deviné, une enveloppe jaune attachée à l'aide d'une ficelle qui semblait broyer ce qui restait du corps de la pauvre Jenna. Fontana, épuisé tant moralement que physiquement, prit sa tête entre ses mains et craqua littéralement. Il était tellement persuadé d'avoir déjoué les plans du fou de la Foux qu'il semblait anéanti. Bien entendu, les médias s'étaient emparés de l'affaire, plongeant la population vençoise dans une psychose sans précédent. Les journalistes y décrivaient le côté macabre sans aucune pudeur, soulignant l'incompétence de Fontana à arrêter ce fou furieux.
Désormais les vençois, peu accoutumés de ce genre de situation, vivaient dans l'angoisse. Plus personne ne traînait dans les rues le soir et les gens boudaient même les fontaines, en dépit de la canicule qui continuait à sévir. Étant donné que les différentes

parties du corps appartenaient à la seule et même personne, les habitants ne devaient pas se sentir menacés, ne s'agissant aucunement d'un tueur en série. L'esprit du criminel était celui d'un être perturbé, qui n'agissait pas sur un coup de tête et dont le plan machiavélique avait été méticuleusement élaboré depuis un bon bout de temps.

Fontana se remémora toute l'histoire mais quelque chose le perturbait depuis le début. Comment le tueur pouvait-il savoir à chaque fois où il se trouverait, comment il s'était introduit dans sa cave sans laisser de trace, qui était l'homme au scooter ? Il en vint à se demander si ce dernier le connaissait. Commençait-il à sombrer dans la paranoïa ? Était-il trop méfiant ou avait-il été trop négligeant auparavant ? Toutes ses questions restaient sans réponses et plus il se creusait la tête, moins il y voyait clair.

L'incertitude, le doute et l'angoisse étaient devenus son quotidien. Il se sentait impuissant face à la complexité du cerveau du tueur, ressassant sans relâche tout ce qui s'était passé, explorant le moindre indice, en vain. Et puis le plus troublant, c'était quand même l'enveloppe dans sa propre cave ! Il doit avoir un complice, ce n'est pas possible !
Les différentes parties du corps de Jenna étaient à la morgue, sous scellés, il ne restait plus que la tête que le psychopathe ne tarderait pas à déposer quelque part. Dans Vence, les habitants ne parlaient plus que

de ça. Nice matin avait explosé son record de ventes et Fontana s'était enfermé dans un mutisme sans précédent. D'un autre côté, aucune enveloppe jaune n'avait fait son apparition depuis la veille et il restait la tête de Jenna.

Sur les vingt-quatre fontaines, il en restait un paquet, il fallait mettre un gendarme à chaque fontaine en demandant du renfort dans d'autres villes et on finirait bien par épingler ce malade. Toutes les gendarmeries avoisinantes furent mobilisées. Fontana décida de ne pas attendre qu'une nouvelle enveloppe arrive pour épingler le fou de la Foux et avoir enfin le dernier mot. Il avait enquêté sur Jenna et n'avait rien trouvé qui aurait pu le mener au tueur mais l'histoire allait prendre une autre tournure quand Fontana aperçut la mère de la victime, Mme Pisani, au commissariat.

- Monsieur l'adjudant-chef, puis-je vous parler ? J'aimerais apporter d'autres éléments à la déposition que j'ai faite la semaine dernière.
- Pas de problème Mme Pisani, entrez dans mon bureau.

Mme Pisani, une quinquagénaire encore jolie pour son âge, malgré les rondeurs accumulées au cours des années et les quelques rides ne gâchant en rien son beau visage, entra dans le bureau de Fontana et s'assit.

- En fait, je ne veux pas revenir sur ce que j'ai dit précédemment, ma fille a bien fugué mais je crois savoir pourquoi. Elle ne m'a jamais pardonné d'avoir quitté son père à sa naissance et je pense qu'elle a essayé de partir à sa recherche par ses propres moyens. C'était une enfant perturbée et malheureuse, elle a dû faire une mauvaise rencontre et tout cela s'est mal terminé...

Elle semblait absente, le regard détaché, au fur et à mesure qu'elle parlait de sa fille et s'était lancée dans une sorte de monologue pendant lequel Fontana se demandait où elle voulait en venir quand enfin, elle lui déclara une chose qui allait attirer son attention.

- Je me demande pourquoi je sens le besoin de vous dire tout ça, peut être que ça m'aide moi-même à comprendre ce qui s'est passé... ah, si elle n'avait pas fréquenté ce gendarme du var, il ne me plaisait guère cet homme...petit, fourbe...elle l'appelait trois fois par jour mais lui se fichait complètement d'elle et puis il a été muté je ne sais où et on n'en a plus entendu parler...il s'appelait Tony, je crois, à moins que ce ne soit un diminutif d'Antoine, d'Antonio ou un surnom. Je ne sais pas grand-chose de cet homme en fait.

Elle semblait faire appel à des souvenirs lointains, enfouis dans les méandres d'un cerveau qui en oubliait de plus en plus au fur et à mesure que les années passaient.

- Hier, j'ai eu enfin la force de fouiller dans ses affaires et je suis tombée sur des lettres envoyées par son Tony, j'ai pensé que ça pourrait vous intéresser.

Elle sortit une liasse d'enveloppes jaunes de son sac et les déposa sur le bureau de Fontana. C'était les mêmes enveloppes que celles du corbeau, on tenait enfin une piste ! Il les lues les unes après les autres, il s'agissait de simples lettres d'amour sans intérêt si ce n'est l'écriture qui lui semblait familière…comme celle du brigadier Riva… Il arriva à la dernière lettre, et là, stupeur…une charade !

Ceci est mon ultime message Fontana
Mon 1er te tient tête
Mon second tu vas l'avoir
Sinon tu vas te prendre un vent
Mon tout est un homme qui dériva, un fou à lier !

Tout cela avait-il été prémédité ? Cette dernière lettre datait de deux mois selon le cachet de la poste alors que les autres avaient été postées environ trois ans avant.
C'était sa dernière chance, il n'avait plus droit à l'erreur ! Une semaine s'était écoulée et le tueur était toujours en liberté en dépit des efforts de la

gendarmerie à tout mettre en œuvre pour l'appréhender.

Il remercia Mme Pisani pour ces précieuses informations qui apportaient un peu de lumière à toute cette histoire. Jenna avait fréquenté un gendarme qui s'appelait Tony, qui venait du Var et qui était le corbeau. Pas de temps à perdre, il arrêta de la jouer en solo et appela plusieurs brigadiers à la rescousse.

- Tout d'abord, on continue à surveiller toutes les fontaines, même celles où il a déjà mis des morceaux de cadavre, par précaution. Deuxièmement, je veux une liste de tous les gendarmes du Var qui s'appellent Tony et qui ont obtenu une mutation ces dernières années, et troisièmement, aidez-moi à résoudre cette charade !
- Mon premier te tient tête, c'est clair, il ne reste plus que la tête mais il me tient tête parce qu'il mène le jeu depuis le début ! Mon second tu vas l'avoir…second, un complice…hum trop simple…tu vas l'avoir, l'avoir, l'avoir…la voir ? Voir la victime ? ou lavoir, comme un lavoir …Fontaine du Lavoir ou alors c'est moi ? Fontana tu vas l'avoir ?

Il appela ses collègues qui étaient à la fontaine du Lavoir mais personne ne s'était manifesté. Fontana continuait à élucider les phrases du corbeau.

Sinon, tu vas te prendre un vent…un vent, quelle fontaine a un nom de vent ? Il passa tous les noms en revue et soudain un collègue lui cria :

- Fontaine place Frédéric Mistral ! Et si je me prends un vent, le mistral en l'occurrence, c'est que je me serai fait avoir.
-

Fontana appela les gendarmes en poste à la fontaine place Frédéric Mistral, mais comme pour l'autre, il ne s'était rien passé.

Il doit y avoir un autre jeu de mot, mais lequel ? C'est ma dernière chance, je n'ai pas le droit de me tromper, se répétait Fontana dans sa tête, « je n'ai pas le droit à l'erreur, non non non…et puis avec tous ces gendarmes mobilisés, comment peut-il ne pas se faire épingler, comment connaît-il nos agissements, nos moindres faits et gestes ? Et s'il s'agissait d'un d'entre nous ? Mais oui ! Comment n'y avait-il pas pensé avant ? Qui avait accès à ses clefs, sinon une personne le côtoyant chaque jour ?! »

Il se dirigea vers l'ordinateur central et éplucha tous les CV de ses hommes. Il passa en revue une cinquantaine de noms jusqu'au moment où il tomba sur le dossier d'Antonio Riva. 35 ans, muté à la gendarmerie de Vence il y a 3 ans, jusque-là rien d'anormal, et…origine : var.

C'est à ce moment précis que « Mon tout est un homme qui dériva » eut enfin un sens. Mais oui bien sûr, dériva c'est Riva, et comme il a dérivé vers le crime, il est fou à lier. Et puis tous ces calembours qu'il faisait à longueur de journées, comment Fontana ne s'en était-il pas aperçu plus tôt ! Il partit sur le champ à la recherche du brigadier Riva. Personne ne savait à quelle fontaine il était, les appels s'enchaînèrent et Fontana devait trouver à quelle fontaine il avait été envoyé avant de se retrouver face à une tête flottante tourbillonnant dans l'eau fraîche de la Foux !

Contrairement à ce qu'on pourrait imaginer, la population semblait avide de ces histoires de cadavres découpés et chaque jour, les gens se ruaient chez les buralistes pour avoir les dernières nouvelles du fou de la Foux. Chaque détail de l'enquête était lu, épluché, commenté, les langues allaient bon train. Les gens avaient l'impression de faire partie de l'enquête, se sentaient directement impliqués dans l'histoire parce qu'ils étaient vençois. On offrait même une récompense à quiconque serait en mesure d'apporter des éléments importants, tout témoignage étant précieux. Certains petits malins inventèrent des histoires, se faisant même passer pour le fou, sûrement de jeunes désœuvrés en quête de reconnaissance ou voulant jouer au caïd pour impressionner leur copine.

Depuis cette affaire, le pauvre Fontana faisait souvent l'objet de raillerie et les commérages allaient bon train.

- Ce brigadier-chef est un incompétent, moi ça fait longtemps je l'aurais épinglé ce malade !

- T'as raison, c'était pourtant pas compliqué ces charades, pfff, quel débutant !

Et les gens continuaient à lui casser du sucre sur le dos alors qu'eux-mêmes, mais ça ils n'osaient pas l'avouer, auraient été incapables de résoudre une seule charade. Il est toujours plus facile de critiquer et là, les commérages avaient atteint leur paroxysme.
Fontana s'était fait une raison et ne faisait aucunement cas de tout cela. Il savait ce qu'il valait et le fait de s'entendre rabâcher ses échecs ne l'anéantissait nullement, bien au contraire, cela l'encourageait à démontrer à tous qu'ils avaient eu grand tort de le sous-estimer.

Fontana devait donc identifier la dernière fontaine…fou à lier, fou à lier, fou à lier … En même temps qu'il répétait ces mots dans sa tête, il faisait les cent pas et téléphonait à tous les postes les uns après les autres pour savoir où se trouvait Riva, qui semblait introuvable.
Il a bien caché son jeu, pensait Fontana. Quel comédien quand il faisait semblant de découvrir le sang et la main la première fois. En fait, il a eu le temps de la mettre lui-même puisqu'il était le seul à s'approcher de la fontaine. C'est pour cela que personne n'avait rien vu, et moi le premier. Il a trahi ma confiance, il faisait semblant d'être mon ami pour me poignarder dans le dos !
Il s'agissait d'un crime passionnel, il n'avait pas supporté que Jenna le repousse comme elle l'avait

fait alors qu'il avait demandé sa mutation pour être proche d'elle. Il l'aimait passionnément et le fait d'être rejeté l'avait plongé tour à tour dans le désespoir puis dans les méandres de la folie. Il attendait son arrestation comme une délivrance à sa souffrance, un frein à la psychose qui le dévorait secrètement depuis toutes ces années. La noirceur de son âme n'était jamais apparue aussi évidente aux yeux de Fontana. Comment la souffrance peut-elle engendrer un tel machiavélisme de la part d'un être humain ? Toutes ces questions n'aidaient pas Fontana à trouver la fontaine. Il ressassait, fou à lier, fou à lier, Alliers ! Fontaine des Alliers !

Il se rendit lui-même sur place où un homme en scooter l'attendait. Il s'approcha et lui dit :

- Riva, vous êtes démasqué ! Je sais que c'est vous, inutile de vous sauver, c'est trop tard !
- Je ne cherche pas à me sauver, mais c'est à vous de me sauver.

Il enleva lentement son casque et détacha le sac à dos qui contenait la tête de Jenna.

- C'est aussi ma tête que je livre aujourd'hui. J'ai fait en sorte qu'on me laisse seul à cette fontaine pour que vous m'arrêtiez. Je savais que vous trouveriez la dernière énigme, je vous avais déjà vu à l'œuvre. Les insultes n'avaient pour seul but que de vous pousser à comprendre et demain vous serez à l'honneur, un peu grâce à moi. De toute façon, je ne peux pas vivre sans Jenna, ma vie n'a plus aucun sens, je n'ai plus envie de rien, je veux la rejoindre.

Contre toute attente, il sortit un revolver, le posa contre sa tempe et appuya sur la gâchette, sans que Vincent Fontana n'ai eu le temps de réagir. Il s'écroula sur la fontaine, dans un fracas épouvantable. Fontana sortit le corps de la fontaine, le mit en position latérale de sécurité. Le pouls de Tony battait encore, de plus en plus faiblement et ce dernier murmurait, dans un râle à peine perceptible :

- Laissez-moi crever, j'veux crever...

Les secours arrivèrent rapidement. Il fut transporté aux urgences à Saint Jean à Cagnes sur mer mais il mourut dans l'heure qui suivit, à cause de l'hémorragie engendrée par la balle. Le fou de la Foux s'était éteint en même temps que la dernière partie du corps de la pauvre Jenna avait été retrouvée, déposée par son tortionnaire.

Dans les affaires de Riva, on retrouva une lettre sous enveloppe jaune où il expliquait toute l'histoire et mettant en valeur le travail de Fontana à qui il s'était en quelque sorte livré avant de lui-même se délivrer de son propre fardeau.

Fontana fut à la une des médias le lendemain. Cette fois-ci, on ne tarissait pas d'éloge à son égard, il était devenu le héros du jour et les compliments fusaient de toute part. En gros titre, on pouvait lire « Fontana résout l'énigme des Fontaines », « le Fou de la Foux s'est éteint » « Fontana, l'homme pour qui tout coule de source » « Fontana révèle ses sources ». Il était devenu une star en un jour et les médias eux-mêmes prenaient plaisir à jouer avec les mots.

Enfin, il allait pouvoir se reposer. Il rentra chez lui après de multiples interviews à la radio et à la télévision. Il flâna un peu devant la télévision et partit se coucher. La ville ayant retrouvé la joie de vivre et les gens n'ayant plus peur de sortir, l'avenue Emile Hugues était redevenue bruyante et Fontana décida que rien ne viendrait gâcher une bonne nuit de sommeil bien méritée. Il chercha une paire de boules Quiès dans le tiroir de sa table de nuit et fouilla sans regarder, à moitié affalé dans son lit. Comme il n'arrivait pas à les trouver, il s'assit sur le rebord du lit, alluma sa lampe de chevet et fouilla le tiroir où les affaires étaient dans un désordre impressionnant.
Il tira si fort sur le tiroir que ce dernier tomba dans un fracas épouvantable. Tout son contenu se répandit sur le sol dans toute la pièce. Au beau milieu de la chambre il aperçut ...

Partie 2 : Poésies

Palette de couleurs

On ne se lasse pas d'admirer,
Le festival de couleurs mordorées,
Avant l'hiver, des tons ambrés, jaune-orangés,
Les arbres font écho aux fonds bleutés,
Ralentissant le temps vers cette saison redoutée,
Nous offrant des nuances chatoyantes de toute
beauté,
Ses premiers frimas se font ressentir,
Ne pas l'appréhender serait se mentir,
À la loi du désir,
Je ne peux qu'obéir,
Devant ce spectacle, nulle envie de partir,
De cette contemplation où je ne souhaite que
m'ébahir

Nature sauvage

Les lianes s'enlacent au milieu des herbes folles et
des pommes de pins,
Les oiseaux y gazouillent de bon matin,
Dénudés de leurs feuilles tombantes,
Les arbres sèment leurs feuilles le long de la pente,
Au détour d'un sentier une cascade jaillit,
Sous la fraîcheur la chair frémit,
L'écume qui en émane recouvre le sol d'une brume
rafraîchissante,
Senteurs boisées, narines taquinées sous la brume
latente,
Au détour d'une forêt enivrante,
Des cerfs traversent foulant de leurs pattes des
champignons et mousses diverses,
Effluves odorants des sols humides après l'averse,
Pommes de pins et ronces se fondent dans le
décor,
Les mirettes admiratives en quémandent encore,
À l'arrière un fond sonore automnal,
Apaisant en ce repos dominical...

Le goéland

Jonathan le goéland se promène en bord de mer,
Laissant des empreintes quelques peu éphémères,
Il se dandine, rafraîchissant son plumage,
Les badauds attendris, semblent lui rendre
hommage,
Il cherche à glaner quelques restes oubliés
Par les passants, de leur collation, rassasiés,
Un bruit soudain le fait tressaillir,
Et je capture cet instant en le voyant partir...

Campagne

Retour aux sources, paysage bucolique,
Concert de cigales dans des fleurs magnifiques,
Fruits cueillis sur l'arbre, matinée féérique,
À l'ombre des pins, je savoure le silence,
Parfois interrompu par les abeilles qui dansent,
Senteurs champêtres du sud de la France
Avant de déjeuner sur l'herbe,
Je me sens soudain en verve,
Loin des foules acerbes...

Lavandes

Une myriade de reflets mauves ou violets,
En bonbons peuvent ravir notre palais,
Senteurs envoûtantes de Provence,
Des vallons de Pagnol à Saint Paul de Vence,
Des collines à nos tiroirs, elle reste odorante,
Ses effluves peuvent être enivrantes,
Livrées à elles-mêmes dans une nature sauvage,
Ou docilement assemblées dans une composition
plus sage,
Les abeilles s'y frottent les ailes dare-dare
préparant leur miel,
Leurs couleurs sont en harmonie avec le bleu
céruléen du ciel.

Art

De l'ornement au monument, le sculpteur taille dans
la pierre, le marbre, l'argile, le bois,
Ses admirateurs sont en émoi,
Il nous surprend plus d'une fois,
Et parfois même nous laisse sans voix.
Quelle que soit la matière,
Il séduit la terre entière,
Subjuguant les formes animalières,
Leur donnant vie à sa manière.
Le peintre couche son âme sur la toile,
Toujours la tête dans les étoiles,
À ces adeptes il se dévoile,
Se livre à nous ou met les voiles,
Il manie le pinceau avec dextérité,
Ou le couteau avec agilité,
Un balai de couleurs neutres ou dégradées,
Il choisit habilement dans son nuancier.
Chacun est libre d'être original,
De ne pas sombrer dans le banal,
Un brin de folie, de l'art ils ouvrent le bal,
Du classique au contemporain, ils font leur festival.

Seule au monde

Loin des foules en ce 14 Juillet,
Je m'allonge dans l'herbe, pas sur les galets,
Les vignes livrées à elles-mêmes,
S'enlacent les unes aux autres dans tout le
domaine,
Dans l'arrière-pays niçois, on entend les cigales et
les abeilles,
Les perles de pluie ont tout recouvert depuis la
veille,
Des papillons de ci de là fleurtent avec la lavande,
Les collines en face accueillent la chaleur estivale
que le vent balaye d'un souffle avant que d'elle-
même, elle ne redescende,
Isolation salvatrice,
Nature protectrice,
Les arbres fruitiers promettent abondance,
À moins qu'une tempête appelle à la prudence.

Chaleur

Pauvre bête cherchant un peu de fraîcheur,
Se prélassant sur le marbre en appréciant sa
tiédeur,
Anéantie par la température ressentant la moiteur,
S'étirant de tout son long avec grâce et lenteur,
Rares instants de complicité et de vraies valeurs,
Calypso à l'ombre des rayons savoure son bonheur.

Cocktail

Glace pilée
Saveurs fruitées
Arômes d'été
Savamment mélangées
Zestes de fruits acidulés
Un pur bonheur à savourer
Les papilles gustatives sont taquinées
Mélange assuré contre la morosité
Millésime 2020
L'heure des congés d'été a sonné,
L'invasion touristique a commencé,
Les espaces aquatiques sont désormais bondés,
Plus de distanciation sociale, le virus est oublié,
Seuls les trottoirs et caniveaux se retrouvent en
masqué,
Des plaines au littoral le sol d'ordures est jonché,
Profitons de leurs goûts musicaux dont jusqu'à point
d'heure, ils vont nous inonder,
À partir de 22 heures jusqu'à l'heure du déjeuner,
Nos pauvres esgourdes n'ont pas fini d'être
malmenées,
Si tu ne te lèves pas aux aurores,
Tu ne peux même pas nager,
Ou au pire entre les gamins slalomer,
Cette pause estivale tu l'avais pourtant méritée,
Après cette année scolaire à tant galérer.

Café

Notes sensuelles et boisées,
Tantôt acidulées, fruitées,
Amères ou corsées,
Doucement torréfiées.
Un plaisir suave pour la gorge,
Affolant les papilles gustatives,
Effluves enivrantes et vivifiantes,
Arabica ou robusta, légèrement velouté,
Chaque jour passe, sans jamais s'en lasser.

Aqua

En osmose avec l'eau
Rafraîchissante jusqu'aux os
Magnifiques reflets bleutés
Dans lesquels on peut se délasser
Rare instant de solitude
Plus de touristes d'habitude
Bonheur aquatique retrouvé
Retour vers la sérénité
Comme en apesanteur
Je m'y jette sans peur
Séance bienfaisante que je ne veux clore
Car je me complets dans le chlore

Partir

Laisser derrière soi toute vilénie,
À l'abri de la haine, rancœur et autres mépris,
De jour comme de nuit, voguer vers l'infini,
Sans contrainte, ni astreinte profiter de la vie,
Ne pas s'adonner à la mélancolie,
Faire à loisir ce dont on a envie,
Aucune chaîne ne brisant notre belle énergie,
Les démons intérieurs se sont assagis,
Faisant la part belle au bonheur et à la gaieté dans
une douce synergie...
Attendre
Rien n'est pire que de ne pas savoir,
Car on passe des heures à broyer du noir,
L'imagination fait son chemin,
On espère qu'il y aura un lendemain,
Que la nouvelle soit apaisante ou bouleversante,
Elle est toujours mieux vécue qu'une attente,
Les jours heureux paraissent bien loin,
Tout est plus incertain,
Une bouffée d'angoisse vous prend à la gorge,
C'est la force de surmonter tout ça qui nous forge,
Entre vagues d'espoir et inquiétude sous-jacente,
L'espérance d'une nouvelle est toujours latente.

Père fusion,

Le liquide tombe goutte à goutte,
Vers une guérison coûte que coûte,
Dans les veines de celui qui reçoit,
Lentement car il n'a pas le choix,
Le crabe maléfique a fait son chemin,
On commence à compter les lendemains,
Rongeant de l'intérieur,
Le mot fait toujours peur,
Les cellules s'affolent dans un balai macabre,
Les remèdes se bousculent, leur lançant la parade,
Adieu rémissions,
Bonjour désillusions,
Le corps réagit à ce que le mal a dit,
La connaissance de soi nous aguerris,
Il est encore un peu tôt pour monter au ciel,
On sait bien qu'on n'est pas éternels,
Nous ne sommes ici que de passage,
C'est ce que nous rappelle notre grand âge,
Profitons de la substantifique moelle de la vie,
Quand bien même on serait tenté par le déni.

Dauphin

C'est assez dit le dauphin,
J'en ai assez de ce bassin,
Quand je nage dans un enclos,
Je deviens claustro,
Je veux retourner à la mer,
Que ma liberté ne soit plus éphémère,
Étendue immense méditerranéenne,
Si je ne te vois plus, j'ai de la peine...

Le temps des cerises

D'un rouge carmin ou vermillon,
D'autres jaunes orangés aux couleurs d'été,
Fruits vedettes du mois de Juin,
Elles revêtent leurs couleurs écarlates,
Fermes, juteuses et croquantes,
Elles enchantent nos papilles gustatives,
Aussi belles que bonnes, gorgées de soleil et de
sucre,
On les aime au naturel ou mariées au chocolat,
Bigarreaux, burlats, griottes, cœurs de pigeons,
guignes... Un éventail pour tous les goûts.

Orage

Dangereuse pénombre,
L'orage gronde au loin dans le ciel sombre,
Le vent souffle sa colère,
Des terres jusqu'au bord de mer,
Mettez-vous à l'abri,
Avant qu'il ne reste que des débris,
Zeus lance un éclair de colère,
Des boules de feu brûlantes comme l'enfer,
Tout lévite, virevolte dans un tourbillon,
Une fois de plus, il joue les trublions,
Mais n'ayez cure de ses caprices malicieux,
Très vite son courroux retournera aux cieux,
Orage, tempête, ouragan, typhon,
Tout est éphémère et redeviendra bleu lagon.
Fête des mères
Enfin réunies, malgré une météo capricieuse,
Les familles se retrouvent pour une journée
délicieuse,
L'orage gronde au loin,
Mais ensemble déconfinés on se sent bien.
Peu effrayées par quelques gouttes
Elles se sont vite mises en route,
Pour retrouver leurs progénitures,
Et se balader dans la nature.
Puis escapade sur un lieu de vacances
L'air marin grise nos sens,
C'est la fête de celles qui donnent la vie,
Alors peu importe s'il y a de la pluie

Pollution

Ça ne leur a pas servi de leçon,
Je regarde avec consternation,
Le retour de la pollution,
Je ne me faisais pas trop d'illusions,
Même pas une vague impression,
Sur leurs soi-disant résolutions,
Masques, gants et canettes à profusion,
De la propreté et du civisme ils n'ont pas la notion...

1er Avril

Aujourd'hui on s'en fiche (FISH)
Même si c'est pour noyer le poisson
Et qu'en ces jours il n'est pas de bon ton (Thon)
De plaisanter devant les vies détruites (Des truites)
On ne sait pas où les âmes sont (Hameçons,
blague pour accrocher le lecteur.)
Sur notre sol (sole), nous oublions les vieilles
rancœurs, nous pauvres pêcheurs...

Les cygnes

Enlacés sur le sable n'en faisant qu'à leur guise,
Le bec enfoncé nonchalamment dans les algues
grises,
Dans un duo majestueux,
Je les regarde se mouvoir heureux,
Vêtus de blanc, symbole de pureté,
Se prélassant au soleil, en toute impunité,
Puis glissant au gré du vent,
Sur les vagues élégamment,
Ayant décidé de quitter le rivage,
Je les suis, nageant dans leur sillage,
Laissant derrière eux quelques ondulations,
Se dirigeant gracieusement jusqu'au bout de
l'horizon,
D'une blancheur incomparable,
Un plumage mémorable,
Tentant de les rattraper en nageant,
Je finis par les voir s'éloigner fièrement,
L'image peu à peu s'estompe,
C'est le souvenir seul qui compte,
D'un instant féérique sur l'eau,
Avec des cygnes qui sont si beaux.

Sirène

La sirène épie l'homme et l'enchante,
Du fond de la mer, de sa voix envoûtante,
Dans un balai aquatique, enivrante,
Elle peut enfin danser au gré de l'eau,
Quoi qu'elle fasse il trouve ça beau,
Même si cela le mène à son propre caveau,
Elle s'adonne à son rituel séducteur,
L'attirant irrésistiblement avec douceur,
Le laissant délirer dans sa propre torpeur,
Se mouvant agilement à travers le corail,
Une seule note et elle déclare une bataille,
Elle détecte chez lui la moindre faille,
Ulysse n'a pas cédé à son délire,
Poséidon n'a qu'à bien se tenir,
Une myriade d'hommes elle a fait languir,
Elle effraie parfois mais plus souvent fascine,
Des abysses profonds, s'élève une mélodie divine,
La tessiture de sa voix, des profondeurs assassine.

Bas les masques

Tous différents et pourtant identiques,
Sortir masqué est devenu une tactique,
Pour les enfiler, c'est toute une gymnastique,
Pour ne pas les bousiller, à chacun sa technique,
La chaleur due à la macération devient volcanique,
La buée sur les lunettes, le regard oblique,
Tous à égalité, on a le même physique,
Mais c'est obligatoire, pour sortir en public,
Tout est difficile, la vue comme l'acoustique,
Impossible d'avoir une vue panoramique,
La vie en masqué est loin d'être idyllique,
Le seul avantage est d'être protégé des virus et des
moustiques,
Mais avec ces masques personne n'a l'air
sympathique,
On ne peut plus s'embrasser, ça c'est le hic,
Les mains sont bousillées au gel hydroalcoolique,
On préférerait se balader dans un paysage
bucolique,
Ou en bord de mer dans une petite crique,
À deux ou alors avec toute une clique,
Car dans les magasins, c'est loin d'être fantastique,
Je préfère m'envoler vers des paysages féériques,
Notre ancien monde a sombré, comme le Titanic...

Histoire d'arbres

Celui qui se déchaîne (chêne), en sortant du boulot (bouleau), rien ne le freine (frêne). Vous l'auriez (laurier) vu quand il s'est planté à son examen parce qu'il ne s'était pas cassé le tronc car ça ne le branchait pas. Lundi, au travail, tout le peuple y est (peuplier). Chez les artistes, ça peint (sapin) beaucoup, noyés sous le boulot. Si un peintre se plante, c'est de l'art bousillé (arbousier). Ça a fait beaucoup de bruit hier (bruyère) mais ça peut avoir du charme aujourd'hui. Si ce texte ne vous branche pas, ne me regardez pas de si près (cyprès), je suis loin d'être (hêtre) parfaite.

Blagues bateaux

C'est l'histoire d'un marin prénommé Noé, un peu barge, qui en a marre de naviguer. Il avait su mener sa barque dans les pays froids, vu que le frais gâte. C'était un cas Noé : connu pour sa drague, il se retrouva souvent en galère. Il faisait souvent des bourdes et faisait rire les autres, une sorte de cata marrant, quoi. Cependant, il avait vite pris en galion, et quand la retraite arriva, se fût la quille, et il mit les voiles avec sa compagne Marine.
Emma Ferry

La saga des musiciens

Wolfgang Amadeus s'intéresse même aux arts
Jean Sébastien passe le bac (Offenbach l'a passé
plus souvent !)
Giuseppe verdit son jardin
Lugwig Van Beethoven veut que l'être l'élise
Twaïkov skie et nous fait signe sur un lac
Haydn est au paradis
Alors que Schubert lavait Maria et que
Händel aurait pu aller dans un bar rock
Vive Aldi, vive les autres magasins qui vendent des
pizzas 4 saisons aussi
Debu scie du bois au clair de lune
Pucci nie la vérité
Maurice Ravel trouve beau l'héro
Alors que Richard Strauss rate la marche
George Bizet ne sait pas où les cars mènent.

Couleurs

Certains voient la vie en rose, alors que d'autres
rient jaune.
Des personnes se font avoir et du coup sont
marrons, surtout quand on leur colle une prune.
On est tous capables d'avoir un brin de jugeote ou
au contraire de se fâcher tout rouge quand la vie
nous en fait voir de toutes les couleurs.
Quand l'un broie du noir, l'autre n'est pas tout blanc,
s'en rend compte et devient vert de rage.
Longue vie aux laids qui sont couverts de bleus.
Offrons-leur un bord d'eau, sans les envoyer sur les
roses avant qu'ils ne soient aigris.
Alain Digo

Carnaval de Nice

Couleurs, musique et paillettes
Nice a comme un air de fête
Le carnaval bat son plein
Le défilé de mode est en chemin
Les badauds se mêlent à la foule
Les gens dansent dans une ambiance plutôt cool
Des costumes et des chars majestueux
Dans une allégresse collective, ensemble tous
heureux

Parodie de la cigale et la fourmi

Le confiné et le libéré
Le confiné ayant végété deux mois avant l'été,
Se trouva fort dépourvu,
Quand le 11 mai fut venu,
Pas un seul petit morceau de pectoraux,
Après ses excès de gras viscéraux,
Il alla crier famine, chez son ami Carmine,
Lui priant de le guider, pour enfin dans son maillot
rentrer,
Avant la saison d'été,
- Je vous paierai, lui dit-il, avant le mois d'août,
avec des foies de volaille,
- Le libéré n'est pas acheteur,
- Le confiné n'a qu'à ralentir sur le beurre !
- Que faisiez-vous pendant le confinement,
alors que moi, j'enchaînais les mouvements
?
- Toute la journée, je cuisinais et je mangeais,
ne vous déplaise !
- Vous cuisiniez, j'en suis forte aise ! Eh bien,
bougez maintenant !

Insomnie

Pensées confuses, idées diffuses,
Pêle-mêle dans ma tête, à moi le sommeil se
refuse,
Tout se mélange,
Tout me dérange,
Le repos semble perdu,
Alors que je l'avais depuis des heures, attendu.
Mes idées tournent, je me retourne,
Il fait semblant de m'atteindre, mais seulement me
contourne.
Attendant le sommeil réparateur,
Je le guette d'heure en heure,
Il tarde à venir,
Ne fait que ralentir,
Me nargue à me faire souffrir.
Promesse d'un songe, tu n'es que mensonge,
Quand tu penses sombrer dans la transe,
La pleine lune te fait subir ses outrances,
Ton cerveau se refuse au repos,
Alors que tu voulais simplement faire dodo.
Contre mauvaise fortune tu fais bon cœur,
Pour enfin sombrer dans les bras de Morphée en
douceur...

Parchemin

Prenez le même chemin
Vous tenant main dans la main
Heureux mais surtout sereins
Dans l'espoir d'un câlin...
Se réveiller ensemble au petit matin
Ne ressentir aucun chagrin
Réaliser tous vos desseins
Ensemble partir bien loin
L'un de l'autre prendre soin
Que demander d'autre pour la Saint Valentin ?

Silence

Il existe des silences pesants,
Celui des rues sans gens,
Pas de badauds, ni commerçants,
Désert humain total, bruit réduit à néant,
Dans tout le pays, de Lille à Perpignan,
Pas un chat dehors, tout le monde est dedans,
Le télétravail, n'a rien d'un amusement,
Quand le réseau plante, on attend patiemment,
Tous ensemble en confinement...

1er Mai

En Mai, fait ce qu'il te plaît,
Disait le dicton,
Pas un brin de muguet,
Même à l'horizon.
Une pensée pour les fleuristes,
Qui ne peuvent vendre un brin,
Ou peut-être à l'improviste,
Mais là il faut être malin.
Le compte à rebours est lancé,
La liberté est pour demain,
Les bouquets seront bientôt distribués,
Nous sommes sur le bon chemin.
En Mai tout renaît,
Laissons éclore la passion,
Le virus peu à peu disparaît,
Grâce à notre isolation.
Esprit de contradiction
Depuis le 17 mars on se sentait en prison,
Et nous avions envie d'évasion,
Maintenant que le confinement touche à sa fin,
On commence à craindre pour le lendemain,
Plus besoin de remplir d'attestation,
On sonne l'heure de la libération,
Il va falloir reprendre les choses en mains,
Ne plus faire d'efforts en vain,
Nous devons fabriquer des masques maison,
Et chaque jour éviter les postillons,
Il faudra aussi rester serein,
Si toutefois ça n'était pas pour demain,
Car si aux règles nous dérogeons,
Nous sombrerons dans la consternation.

Confinement

Bientôt plus rien à becqueter,
Les gens ont vidé les supermarchés,
Comme si le virus allait tout gober,
Montrant chaque jour leur stupidité,
Au lieu d'agir ils se sont lamentés,
Les uns des autres se sont rapprochés,
Sur les dernières denrées se sont précipités,
Au lieu de se protéger,
Nous voilà condamnés,
Notre vie chamboulée,
À être finalement confinés,
Pour pouvoir éviter,
D'être tous contaminés,
Toute la journée, connectés,
Pour pouvoir communiquer,
Et enfin l'éradiquer...

Encore un mois de confinement,
Pour beaucoup ça ne sera pas évident,
Et même pour la suite ça ne sera plus comme
avant,
Le doute nous habite, que l'on soit novice ou
savant,
Personne n'a vu venir l'ampleur de l'événement,
Mais nous allons le vaincre avec acharnement,
Et certainement pas en nous lamentant,
Mais en respectant les règles avec discernement,
Et remettant à plus tard la visite de monuments,
En ces jours de vacances, j'ai désormais le
sentiment,

De mon impuissance face à tous ces
chamboulements,
Et si la reprise est vraiment ce qu'on attend,
Profitons dès aujourd'hui de l'instant présent.

L'océan

Toujours salé, jamais amer, surfant sur les vagues
de l'amertume, l'océan s'étend sur la plage sans
jamais faire de vagues. Un sol jonché de
coquillages, d'algues brunes et grains de sable,
virevoltant au gré du vent, sables mouvants, sables
émouvants....

Pensée du jour

Pensée du jour, pansée du jour,
Sans attendre l'été,
En bord de mer j'ai décidé,
De l'aube à l'aurore positiver,
Les pensées les plus noires repousser,
Désormais tout admirer,
À la panique ne pas céder,
Chaque jour méditer,
C'est là ma liberté...

Vague à l'âme

Le murmure des vagues grise les sens,
L'essence de l'humour ou l'essentiel,
C'est une question de bon sens.
De l'ordinaire au sensationnel,
Parachuté vers l'ascensionnel,
Les yeux rivés vers le ciel,
Le cœur axé vers l'émotionnel...

Liberté

Et si comme l'oiseau,
On s'élevait plus haut,
Fuyant la médiocrité,
On essaierait de se réveiller,
Pour révéler qui nous sommes,
Avant que le virus nous assomme,
Essayons de nous bonifier,
Et de symboliser la fierté,
Laissez votre moi s'épanouir,
Et vos vieilles craintes s'évanouir,
Soyez ambitieux et même orgueilleux,
Au risque peut-être de faire des envieux,
Mais n'ayez cure des gens jaloux,
Menez vos rêves jusqu'au bout...

La méduse

La méduse, superbe, déploie ses filaments,
Les baigneurs, heureux et insouciants,
Ne soupçonnent pas ses bras urticants,
Elle te frôle à peine, mais déjà tu ressens,
Une décharge électrique, immédiatement,
Elle jette son venin, qui se répand doucement,
La douleur ressentie, te fige en un instant,
La tête tourne, tu es en plein tourment,
Tu regardes les eaux bleues, amèrement,
Après ta rencontre, tu marches dans le vent,
Elle t'a marquée à jamais, jusqu'au firmament.

Le chant

Hymne à la joie ou allégorie de notre souffrance, il
émane des méandres de notre moi le plus profond
pour subjuguer nos oreilles et mettre nos sens en
exergue. Vous verrez votre chair frémir, votre
pilosité se dresser, quand une voix de cristal titillera
vos tympans, qui, friands de telles sensations, en
quémanderont encore, tant ils en seront transportés
de joie. Nonobstant, quelques couacs ou canards
égarés peuvent leur faire perdre leur capacité à
s'évader ou à rêver, mais n'en ayez cure, vos
tympans malléables sauront vite écarter ce
désagrément sonore inopportun.

Humour

En dépit des frustrations
De tout et avec tout nous rions
L'humour est une addiction
Plus amusant qu'une rébellion
Même si nous avons une aversion
Pour toute cette situation
Faire rire vire à l'obsession
Côté exacerbé des lions
Qui de la vie ont une autre vision
Ne pas passer ses journées devant la télévision
Mais être sans cesse dans la création
Faire travailler son imagination
Pour atteindre un jour la perfection
Une pensée pour les fleuristes,
Que l'on a envoyées sur les roses,
C'est vraiment le bouquet,
Ça donne même le vertige,
Qu'est-ce que je lis là ?
La récolte de muguet du 1er mai,
On ne veut pas qu'elle la vende,
Quel humour ras des pâquerettes,
Je me demande si elles télétravaillent en digital,
Elles se protègent car elles ne sont pas immortelles,
L'état leur donnera peut-être la prime vert,
Mais un tient vaut mieux que deux vous l'auriez,
Pour l'instant pas de quoi payer des boutons d'or,
Ce soir je leur fais un petit coucou.

Arthur

Petit lionceau s'est éveillé
Maman est émerveillée,
Car il est en vérité,
Le plus beau des bébés,
Pour lui aucun souci,
Ses parents sont attendris,
Devant la chair de leur chair,
On ressent tant d'amour dans l'air,
Ses yeux encore clos,
Pendant un de ses nombreux dodos,
Il a tout à apprendre,
Pour chaque jour nous surprendre

La valse des notes

Tantôt justes, tantôt qui dénotent,
Elles s'accrochent sans anicroches,
Aucune fugue possible si tu arrives à contretemps,
Ta passion s'en va crescendo,
Le timbre de ta voix t'enveloppe,
Avec ton rythme en accord parfait,
Pas de bémol si c'est dans tes cordes,
Tu y vas piano, tout en nuance,
Tu dis flûte aux prises de bec entre noires et
blanches, minces et rondes,
Dans la mesure où ton soupir en dit aussi long que
ton silence...

Ode au soleil

Chaud comme la braise, il donne bonne mine
Brûle ma peau, taquine ma mélanine
Trop fort en été, pompe mes vitamines
Laisse s'épanouir mes endorphines
Mais les UV, ça m'enquiquine
De là-haut, il me domine
La météo avec lui nous serine...
Sa chaleur crée de la moiteur
Son ardeur peut me faire peur
Au zénith il est à l'honneur
M'empêche de faire mon labeur
Change d'ampleur à chaque heure
Son influence n'est pas un leurre
Ses reflets sur l'eau, ça n'est que du bonheur...

Ode au vent

Quand les éléments se déchaînent, le vent puissant
souffle une colère sans précédent,
Emportant tout sur son passage,
Soulevant ceux qui ne sont pas sages,
Au lieu d'une petite bise, ils se prennent un vent,
Son souffle nous balaye comme une poussière,
nous réduit à néant,
La bourrasque nous conduit dans une glaciation
sans précédent,
Nonobstant un bonheur incommensurable pour les
cervolistes,
Il hérisse notre pelage et fait frissonner notre chair
Nous glace de l'extérieur, nous pénètre de l'intérieur
De friselis discrets, il passe à tornade colérique,
Sur le littoral azuréen, il taquine les vagues,
Poséidon argumente avec Eole, la conversation est
bien amère...

Nature

Chaque jour elle reprend ses droits,
À l'extérieur, comme pour toi,
Les oiseaux gazouillent sur les toits,
Provoquant en nous tant d'émois.
Tes cheveux poussent, témoins du temps qui
passe,
Ton compagnon t'aime comme tu es,
Et amoureusement t'enlace,
Tu n'es plus polarisé sur ta propre face,
Dont la jeunesse est bien fugace.
Loin de la société de consommation,
Pour tout le monde sans exceptions,
Rien ne freinera notre ascension,
Vers notre force d'introspection.

Pensées du jour

La nature revêt ses couleurs printanières,
Les fleurs m'accompagnent de façon journalière,
Elles s'épanouissent dans le jardin,
Je les photographie de bon matin,
Les couleurs intenses et surprenantes,
Du rose au violet deviennent envoûtantes,
La nature renaît de ses cendres,
Elle est chaque jour pour nos yeux une offrande.

Humain malsain

L'homme a bousillé la planète et se prend un
boomerang en pleine face,
Personne n'a entendu ses pleurs, comme si une
surdité soudaine avait heurté le monde,
Tant nous étions absorbés par notre labeur, notre
égoïsme et peur viscérale de manquer.
Désormais tout ce que vous avez gagné,
C'est d'être privé de votre cupidité,
Comme Adam et Eve, chassés du paradis terrestre,
L'homme doit se confiner et affronter ses propres
erreurs, ses propres démons.
Au lieu de gambader librement dans la nature,
Il a pris bien soin de l'épuiser inutilement,
Aurait même continué jusqu'à son effondrement.
Le virus va soigner la planète,
La libérer de la pollution et de la surconsommation,
Chacun apprendra de ses erreurs,
Tous ensemble nous vaincrons nos peurs,
Notre vie est plus importante que ce que nous
voulons montrer de nous,
Nous devons sortir grandis de cette expérience,
Ou alors en périr si nous ne méritons pas d'y
survivre,
Que cette pandémie serve de leçon à l'humanité,
puissions-nous en sortir humbles, raisonnables et
guéris de nous-mêmes.

Mouvement

Plus de natation, consternation,
Gymnastique, je deviens élastique,
Je n'aime pas le jogging, je préfère le stretching,
Pas de musculation, plutôt méditation,
Pas trop statique, pour un corps fantastique, Tennis
impossible, yoga accessible,
Adieu le vélo, bonjour les abdos,
Vive la danse, j'oublie ma balance,
Réflexologie, réflexes au logis,
Au revoir ping-pong, bonjour qi gong.

Vacances

Ce week-end, je fais une pause,
Pas d'écran, j'en ai une overdose,
Aux infos anxiogènes, je préfère les roses,
Les volets sont fermés, les portes closes,
Ne rien faire de la journée, enfin j'ose,
La procrastination m'ankylose,
Et je sens naître une pointe d'arthrose,
Mais rien ne me rendra morose,
Avec moi-même je suis en osmose.

Neurones

C'est l'histoire d'une cervelle,
Qui voulait se reposer,
Mais elle était rebelle,
Et ne cessait de cogiter,
C'est ainsi qu'Emmanuelle,
Était encore en train de penser,
Que si elle avait été manuelle,
Elle aurait pu compenser,
Car tous les intellectuels,
Ont les méninges agitées.
Elle ne cherchait pas querelle,
À toutes les absurdités,
Qu'elles soient ministérielles,
Ou simplement imposées,
Elle exploitait son potentiel,
Pour ses lecteurs fidélisés,
Ne cherchait pas à être belle,
Et ne sortait que masquée,
Dans une quête éternelle,
D'authenticité.

Pleine lune

La lune est un astre,
Quand elle est pleine c'est pour moi un désastre,
Dans ma tête saturne pas rond,
Mon esprit cette nuit se sent vagabond,
Mes méninges s'agitent,
Les pensées fusent comme une sorte de rite,
Impossible de se reposer,
Avec une cervelle qui aime cogiter,
Des phrases s'enchaînent, pas banales,
Même si dans ma tête tout paraît bancal,
La lune rose peut rendre morose,
Avec elle je ne suis pas en osmose,
Ma patience a ses limites,
Et là pertinemment elle m'irrite...

Méditation

Bienvenue dans la méditation,
Elle est propice à l'évasion,
Si notre monde n'est que consternation,
Elle est le moyen de sortir de notre prison.
L'esprit commence à vagabonder,
Les limites de l'inconscient se plaisent à vaciller,
Petit à petit, on s'entraîne à respirer,
La rêverie nous berce sans hostilité.
Une voix intérieure nous guide,
Nous détend, nous aide à faire le vide,
Nous amène à la béatitude dont nous sommes
avides,
Vers cet état d'inconscience où nous ne sommes
plus lucides.

Jour 14, pluie

Le soleil s'en est allé,
La pluie l'a remplacé,
Nettoyant les sols impurs,
S'écoulant le long des murs,
Rafraîchissante douche printanière,
Elle lave tout à sa manière,
Plus personne à l'extérieur,
Une meilleure protection pour notre bonheur.

Les oiseaux savourent la liberté,
Celle de ne pas se cacher,
Nul besoin de se confiner,
En toute quiétude ils peuvent becqueter,
La nourriture qui leur a été envoyée,
Par des gens aimant les regarder.
Hitchcock se serait régalé,
De les voir ensemble se rassembler,
Sur la pelouse à gazouiller,
Et des ailes frétiller,
Avant le passage à l'heure d'été...

Air

Il taquine gentiment mes narines,
Contre l'étouffement me vaccine,
Avec lui point je ne badine,
Car sans lui de rage je fulmine,
Léger, aérien, pas besoin de Ventoline.
J'admire les fleurs de mon balcon,
Au printemps, il y en a à foison,
Aucunement me sens en prison,
Ne vais pas perdre la raison,
La nature se met au diapason.

Le chocolat

Gourmandise sucrée royale,
Il est l'ami des palais,
Quand toute une plaquette tu avales,
Il est l'ami des bourrelets.
Liquide, tu aimes le tartiner,
Mais bien vite tu t'empâtes,
Et dois tout éliminer,
Nonobstant, la tentation se hâte.
Il a su à nouveau te séduire,
Tes résolutions sont désormais anéanties,
Il t'empêche doucement de maigrir,
Stimule toujours ton appétit.
Ne te laisse jamais sur le carreau,
T'accompagne aux réceptions,
Noir, lacté ou blanc, tu l'aimes chaud,
Avec lui pas de déception.

Jacqueline

La nature n'est pas hostile,
Les microbes elle ventile,
Sous un arbre, abritée,
Je me suis réfugiée,
Afin d'écrire en liberté,
Dans la verdure confinée,
Le tout sans promiscuité.
Une amie s'est mise à paniquer,
A cru que je me mettais en danger,
Et même que j'étais indisciplinée,
Alors que je me suis juste aérée.
Pas besoin d'autorisation signée,
Pour laisser mon esprit vagabonder,
Et ce petit texte lui dédier...

Week-end

Quand le corps fatigué veut se délasser,
Sur le lit attiré il peut s'allonger,
Accueillir tout entier un repos mérité,
Se laisser envahir dans son intimité.
Bercé par le doux murmure de la respiration,
Plus aucun problème, pas la moindre question,
Le cerveau calmé n'est plus en ébullition,
Plus d'efforts, plus de stress, tout n'est que
relaxation.
Les songes bientôt berceront mes soupirs,
Rien ne viendra plus entraver mes désirs,
Le sommeil vers lui comme un aimant m'attire,
Indubitablement, dans les bras de morphée je vais
finir...

Dans la même lignée que le petit prince

Moi : S'il te plaît, dessine-moi une belle planète.
La voix : Non pour le moment, ça n'est pas un jour de
fête.
Moi : S'il te plaît, quand est-ce qu'elle sera prête ?
La voix : Quand l'homme cessera d'être bête !
Moi : S'il te plaît, quand pourrais-je me dégourdir les
gambettes ?
La voix : Quand tu te déconnecteras d'internet !
Moi :S'il te plaît, pourquoi quand on sort on nous
rouspète ?
La voix : Parce que le virus est là qui guette.
Moi : S'il te plaît, quand reverrais-je mamie Pierrette ?
La voix : Pour cela il ne faut pas que les récalcitrants,
à sortir, s'entêtent.
Moi : S'il te plaît, raconte-moi une bluette.
La voix : Ne préfères-tu pas une petite scénette ?
Moi : S'il te plaît, oui, avec le chant de l'alouette.
La voix : Si tu es sage tu pourras même refaire de la
trottinette !
Moi : S'il te plaît, on pourra aller sur la croisette ?
La voix : Par pour l'instant, tout part en sucettes.
Moi : S'il te plaît, quand pourrais-je cueillir des
violettes ?
La voix : Un jour, et tu pourras même cueillir des
pâquerettes.
Moi : S'il te plaît, quand reverrais-je ma sœur cadette
?
La voix : Pour cela, il faut que la loi tu respectes.
Moi : Ne t'inquiète pas, je ne ferai pas la follette !
La voix : Eh bien voilà, tu as la recette !

© 2021, Lucce, Emma
Edition : Books on Demand,
12/14 rond-Point des Champs-Elysées, 75008 Paris
Impression : BoD - Books on Demand, Norderstedt, Allemagne
ISBN : 9782322266319
Dépôt légal : mars 2021